U0693016

浙江金融职业学院2014年金院文库学术专著资助项目和

2013年度专项科研课题"对我院创建'以生为本榜样学校'路径、方法、

特色、机制等的研究"（项目编号：2013ZX04）阶段性成果。

THE RESEARCH ON THE DEVELOPMENT AND
SERVICE ORIENTED STUDENTS WORK SYSTEM IN
HIGHER VOCATIONAL COLLEGES

高职院校发展服务型
学生工作体系研究

张鹏超⊙著

ZHEJIANG UNIVERSITY PRESS
浙江大学出版社

目　录

第一章　导言:本书的缘起及研究概况

高等院校有人才培养、科学研究、社会服务和文化传承四大功能。四大功能中,人才培养是高等院校的主要职能和根本任务,也是高等院校与科研院所、党政机关和其他社会组织的主要区别之处。其主要原因:一是没有了人才培养,没有了学生,也就失去了学校的本意;二是科研院所、党政机关和其他社会组织同样分别具有除人才培养外的其他三个功能;三是高校的科学研究、社会服务和文化传承的根本目的之一是人才培养。作为高等教育发展中的一个类型,高等职业教育肩负着"培养适应生产、建设、管理、服务第一线需要的,德、智、体、美等全面发展的高等技术应用型专门人才"①,因此,人才培养是高等职业教育的主要职能和根本任务。高职院校人才培养工作主要通过教学工作和学生工作两个途径得以实现。国家主要通过组织开展百所示范院校和百所骨干院校建设计划推进了高职院校的教学工作,而作为人才培养工作重要载体之一的学生工作虽然有所涉及,但发展却比较缓慢。因此,研究并构建有利于学生成长成才的、科学系统的学生工作体系,必将更好地促进高职院校人才培养工作,提升高职院校办学水平。

一、本书的缘起与意义

(一)结合自身工作的一些思考

1994 年大学毕业后,笔者被分配到一所国家级重点中专——包头机械工业学校工作。当时在学校讲授高等数学。1995 年 9 月,由于该校学生管理模式发生变化,在时任学校党委副书记刘欣的举荐并亲自考察下,笔者有幸从数学教研室抽调至学生工作部(团委),任团委副书记、学工部副部长,主持共青团工作。1996 年 12 月,经学校党委同意,在该校第十一次团员代表大会上,笔者当选为学校团委书记。1997 年 6 月,学校召开第八次党代会(也是包头机械工业学校的最后一次党代会),选举产生了中共包头机械工业学校第八届委员会,笔者当

① 十余年里,教育部给高职人才培养的定位发生了多次变化,此处引用的是笔者较为认可的《关于加强高职高专教育人才培养工作的意见》(教高〔2000〕2 号)的定位。

选为党委委员;同年 11 月,笔者任学校学工部长、团委书记,负责学校的学生管理工作、学生思想政治教育工作、公寓管理工作、招生就业工作和共青团工作。1998 年 3 月,包头机械工业学校升格为包头职业技术学院,笔者仍继续负责原来的各项工作。1999 年 7 月,学校设置了 16 个副处级二级单位,提任了 12 个副处长,学生工作部和团委被设置为副处级单位,笔者被任命为学工部长、团委书记,同时学校成立了招生就业办(科级机构),笔者不再负责招生就业工作。2000 年"三讲"教育活动后,学校将原 16 个副处级二级单位中的 14 个调整为正处级单位,学生工作部和团委被设置为正处级单位,笔者仍任原职务。2004 年 10 月,笔者离开学生工作战线,到学校党院办工作。2007 年 5 月底,因夫人博士毕业到浙江工作,经与时任院长的周建松教授洽谈沟通,笔者调入首批国家示范性高职院校——浙江金融职业学院工作。在学校党办、院办熟悉情况后,6 月份到金融系工作,任系党总支书记,主要工作任务之一是负责学生工作,就这样笔者又回到了学生工作战线。2008 年 7 月,到浙江省教育厅宣传教育处挂职锻炼一年。2009 年年底,任学校学生工作部部长、人武部部长、学生处处长。屈指算来,大学毕业 20 年,笔者在职业院校学生工作战线工作了 16 年,其中从事高职院校学生工作 13 年。

20 年来,笔者从事了 3 年中职院校学生工作。当时的包头机械工业学校在校生人数在 1800 人左右,在中职院校里属于规模较大的了。学校党委将多数中专院校的由学生工作部(学生科)直接面对学生开展教育管理工作的一级学生管理模式,调整为学生工作部、专业科两个层级,由专业科直接面对学生开展教育管理工作的二级学生工作管理模式。这样的尝试和近 3 年的试点运行,虽有学生工作部和专业科在工作上分工不十分明确的问题,但运行总体上是成功的,笔者和同事共同努力,做好了学生管理和安全稳定工作,做好了学生思想政治教育工作以及招生就业工作,组织开展校园文化活动,活跃了校园文化氛围。目前看来,当时的二级学生管理模式,为后来升格后学校学生教育管理工作的开展奠定了良好的基础。

20 年来,笔者经历了从中职到高职院校学生工作模式的转变历程。1998 年 3 月 20 日,经原国家教育委员会行文,批准建立了 14 所高职院校,当时隶属于中国兵器工业总公司的两个大型国有企业——内蒙古第一机械制造厂职工工学院(以下简称一机工学院)、内蒙古第二机械制造厂职工工学院(以下简称二机工学院)和包头机械工业学校联合升格为包头职业技术学院。一机工学院所在校区称为学校的东区,二机工学院所在校区称为学校的西区。当时在校学生 3750 人,其中成人教育学生 1686 人。考虑到历史原因,2003 年,学校还与内蒙古一机集团技工学校、内蒙古北方重工集团中专学校开展了联合办学,分别称为学校的北区和北重中专学区。包头职业技术学院由一个主校区四个分校区组成，当时在校学生突破 8000 人，其中成人教育学生 1311 人，高职学生 4722 人，中职学生 1967 人。学校学生工作的管理模式是学生工作部直接指导三系一部做好主校区的学生工作，同时指导四个分校区按照学校的规章制度做好学生教育管理工作。包头机械工业学校升格后，为了尽快适应新的办学层次和管理模式，在学校党委的支持下，我们提出并按照学生工作"1 年制度化，2 年规范化，3 年科学化"的目标开展了大量卓有成效的工作。从管理体制上，经笔者的沟通协调，升格后学校团委的管理体制由包头市团委主管，转变为包头市团委和内蒙古自治区团委双重领导，增加了学校共青团工作的交流群体，扩大了学校共青团工作的影响力；学校学生工作部直接接受教育厅学生处的领导，扩大了学校学生工作的交流群体，直接推进、提升了学校学生工作的水平。虽然目前看来，由于当时的学校仍有大量的初中后五年制高职学生（包头机械工业学校是 1994 年原国家教委在全国首批选设的十所初中后五年制高等职业教育试点学校之一），学校的学生管理模式受中专的影响还比较大；由于当时高职教育处于起步阶段，如何办好有中国特色的高等职业教育还处于探索初期，学校的学生管理模式中直接从本科高校"嫁接"的成分多一些，但当时的学生工作模式的改革总体而言是符合该校学生成长成才规律的，也是具有中国特色高职院校学生工作模式的尝试和探索的重要组成部分之一。

20 年来，笔者经历了从北方到南方，从以工科为主的高职院校学生工作模式向财经类高职院校学生工作模式的转变。包头职业技术学院是一所以工科为主的高职院校，浙江金融职业学院是一所以金融专业为主的财经类高职院校。对比两所高职院校及笔者个人学生工作经历，应该说两所学校的学生工作各具特点，各有特色。如果要说区别的话，笔者认为工科类高职院校侧重"实然"，财经类高职院校侧重的是"应然"；工科类高职院校更加注重学生的动手能力，财经类高职院校更加注重的是学生说的能力、写的能力、与人交往的能力。笔者认为，这也许与工科类高职院校和财经类高职院校的校风、教师的教风、生源的特点以及学生将来从事的工作有着直接的关系。例如，工科类高职学生进入单位，只要能够以较短的时间完成工作任务，且做出的工件漂亮、残次品低或者同等情况下能够节约原材料，就可以得到领导的赏识和同事的钦佩；而财经类高职院校学生今后的工作对象是人，与人的沟通是其必不可少的能力。如果要说南北方高职院校学生工作的区别，那么北方高职院校注重的是做了什么、取得了什么成果；而南方除了注重做了什么、取得了什么成果，还更加注重是在什么理念指引下实现的。

20 年来，笔者也曾经跳出过学生工作战线来思考学生工作。2004 年 10 月至 2007 年 5 月,笔者担任包头职业技术学院党委办公室主任、院长办公室主任、外事办公室主任、机关党总支书记。在学校党委书记鲁鸿志、院长王茂元的直接领导下,三年的学习和历练使我初步了解了学校党委和行政运行规律。在办公室工作期间,我协助书记和院长完成了学校新校区 800 亩征地的相关资料准备、外围沟通协调等工作,首批国防科技工业教育实训基地建设项目的申报材料准备及迎接评审的组织协调工作,校内目标管理责任考核办法的制定及推进工作,担任常务副总指挥,完成了 40 周年校庆的组织协调工作,等等。三年的办公室工作,使我了解了在学校大育人背景下学生工作的地位和重要性,了解了书记、院长、各职能处室对学生工作的看法及期待。2008 年 7 月至 2009 年 7 月,笔者在浙江省教育厅宣教处挂职锻炼,具体负责高校安全稳定工作,并协助处长做好其他工作。挂职期间,笔者协助薛晓飞处长做好了敏感时段和高校校园突发事件的维稳工作,组织召开了全省深化"平安校园"会议;在薛晓飞处长的指导下,草拟了《浙江省平安办、浙江省综治办、浙江省教育厅、浙江省公安厅关于深化"平安校园"建设工作的意见》,制定了《浙江省高等学校校园安全稳定月度工作重点》。还主动协助处内郭莉、吴振辉、丁晓、吕明再、高丽敏等同志联系各高校学生处,积极学习各高校报送的信息材料,以更好地了解全省高校学生工作情况。通过一年的挂职,笔者进一步了解了全省教育系统的工作,深感这种工作牵一发而动全身,其正确性、对事件反应的敏锐性是十分重要和关键的;深深地感受了随着浙江省经济、社会、教育事业的快速发展,教育厅工作面临的巨大压力;了解了教育厅高素质公务员们辛勤、努力、高效的工作状况,也正是这支队伍确保并进一步推动了浙江省教育事业又好又快的发展。通过一年的挂职,笔者初步了解了全省 80 余所高校近百万大学生的总体情况,了解了相关高校学生工作的方法,学习了他们的经验。

目前,笔者正在全国首批示范性高职院校——浙江金融职业学院从事学生工作。2009 年年底,学院以优异的成绩建成国家示范性高等职业院校。为了推动学院由示范走向卓越,在会计系 2008 年试点的基础上,学院党委提出在全院范围内实施学生"千日成长工程"。时任院长的周建松教授布置了该项工作,在先后三任分管校领导盖晓芬、姜进、方华的指导下,我及我的同事认真思考并按照党委意图组织开展了学生"千日成长工程"。2011 年 9 月,经学校党委同意,在学校暑期学生工作会议上,分管学生工作的方华副院长提出了构建发展服务型学生工作体系。四年来,笔者和同事们为构建发展服务型学生工作体系,并积极发挥体系的育人功能做了大量的工作。诸多实践经历后,笔者思考的问题是高职院校学生工作的目的、方法、载体、对象是什么,我们能否构建一个可供兄弟高职院校学习参考的学生工作体系,以进一步做好育人工作。

（二）适应我国高等学校学生工作发展新形势的需要

中国的高等教育可以追溯到新中国成立前,但为了抓住主要矛盾并使讨论方便,我们还是以新中国成立为起点开始研究。1949 年,全国共有 206 所高校,其中一所为成人高校。在校生 11.65 万人,其中专科生 2.25 万人。有了高校,有了学生,便有了学生工作。滕怀国在硕士论文中对新中国成立以来的学生工作做了很好的概括:"从 1949 年到 1965 年的 17 年间,我国高等教育经历了完成社会主义改造和全面创建社会主义高等教育体系的过程。这一时期的学生管理基本上沿用了抗大的做法,把学生管理工作作为学校政治工作的一部分而存在。在学生管理工作的内容和要求方面,突出马列主义教育,强调政治挂帅和思想改造。""1966 年 5 月至 1976 年 10 月的'文化大革命',严重破坏了我国社会主义建设,也使党的教育方针遭到了疯狂践踏。在这期间高校各方面工作都陷于瘫痪,学生管理工作也不无例外地出现了大混乱和大倒退。""改革开放以来的学生管理工作可以分为两个阶段。第一阶段从 1978 年党的十一届三中全会明确以经济建设为中心,建设有中国特色的社会主义,到 1992 年党的十四大提出建立社会主义市场经济体制,这一阶段是高校学生管理工作的复兴阶段;第二阶段从党的十四大召开至今,是高校学生管理工作的发展时期。"[①]而王俊、范赟、倪蛟则认为,我国高校学生工作"以 20 世纪 90 年代后期开启高等教育大众化为界,我们将之前的高校学生工作模式称为'传统模式',之后的称为'现代模式'"[②]。他们认为,我国高校学生工作按照不同时期可以分为不同的阶段。1952 年至1977 年,处于政治教育时期,工作目标以意识形态为主,工作模式以灌输型为主;1978 年至 20 世纪 90 年代中期,处于学生管理时期,工作目标以稳定秩序为主,工作模式以管束型为主;20 世纪 90 年代后期至今,处于学生服务时期,工作目标以回应需求为主,工作模式是服务型。而将来的我国高校学生工作应处于学生发展时期,工作目标以学生全面发展为主,工作模式是发展型。张蓓蓓在《高校"发展性"学生工作理念研究》中将高校学生工作理念分为"管制性"学生工作理念、"服务性"学生工作理念和"发展性"学生工作理念,对应着的学生工作模式是"管制性"、"服务性"和"发展性"学生工作模式。同时,张蓓蓓指出:"当前我国学术界对高校学生工作的性质认识,大多是从管理、服务和教育这三个层次上来认识高校的基本职能。"结合实际工作,笔者认为,目前我国高等教育尤其是高等职业教育的学生工作以管理为主、以教育为主、以服务为主等几种模式均存在,而以发展为主的学生工作模式正在探索实践中。

---

① 滕怀国.高校学生管理工作创新研究[D].天津大学职业技术教育学院硕士学位论文,2008.
② 王俊,范赟,倪蛟.高校发展型学生工作模式探赜[J].学校党建与思想教育,2011(7):63.

虽然对过去学生工作发展阶段总结概括的方式不同,但通过研究我们可以发现,学生工作的具体模式和组织方式与所处的具体社会环境直接相关,与学生的特点、发展需求密切相关。当今社会快速发展,中国整体上已进入工业化中期的后半阶段,知识经济初见端倪;高等教育普及化、国际化的到来,网络的普及改变了人们的知识观和教育观,学生的教育管理方式和组织结构势必随之发生变化;科学发展观的提出,人本理念深入人心,学生越发注重个人的发展,社会对高校教育管理模式也提出了更高的期望,高校确立科学合理的学生工作体系势在必行;高职院校成立时间短,多数学校的学生工作模式、学生工作体系还处于探索阶段,构建并完善科学的学生工作体系的重要性不言而喻。

（三）本书研究的意义

胡锦涛在党的十七大报告中明确提出:"坚持育人为本,德育为先,实施素质教育,提高教育现代化水平,培养德、智、体、美全面发展的社会主义建设者和接班人,办好人民满意的教育。"对于占到高等学校半壁江山的高职院校而言,构建科学的学生工作体系对于贯彻落实这一精神具有重要的现实意义。

构建科学的高职院校学生工作体系是培养学生健全人格的需要,是做好人才培养工作的重要环节之一。首先,学生工作与学生的成长、成才密切相关。教育的目的是通过这一系列的教育活动使学生自身发生变化,综合素质不断提升,使受教育者成长、成才。学生工作与学生密切相关。从是否遵守学校的规章制度,到是否参加有利于自己能力素质提升的校园文化活动;从是否需要学校经济上的帮助、心理上的指导,到是否要主动参加创业创新活动;从寝室的起居卫生,到与同学、老师之间和谐相处;从制作自己的简历,到求职信息的索取,等等,学生在校园的活动无一不与学生工作相关。可以说每一个在校园里生活的高职学生的学习、生活、心理、工作、思想等都离不开学生工作。一个以人为本的班主任或者辅导员,一套规范科学的管理制度,一场高层次的校园文化活动,一套健全的咨询服务体系,对学生形成科学的世界观、人生观、价值观至关重要,对于学生的发展至关重要。其次,构建科学的高职院校学生工作体系是贯彻落实科学发展观的要求。党的十八大报告指出,"科学发展观是马克思主义同当代中国实际和时代特征相结合的产物,是马克思主义关于发展的世界观和方法论的集中体现,对新形势下实现什么样的发展、怎样发展等重大问题做出了新的科学回答,把我们对中国特色社会主义规律的认识提高到新的水平,开辟了当代中国马克思主义发展新境界。"[①]科学发展观的第一要务是发展,核心是以人为本,基本要

---

① "坚定不移沿着中国特色社会主义道路前进,为全面建成小康社会而奋斗"[DB/OL]. http://phy-cjy. pinghu. gov. cn/readnews. asp? id=3121,2014-5-18.

求是全面协调可持续发展,根本方法是统筹兼顾。对于高职院校而言,实现科学发展,落实以人为本的理念就是做到"办学以人才为本,以教师为主体;教育以育人为本,以学生为主体"。如果要进行教师和学生重要性的对比,则"大学应以学生为中心、以学生的培养质量为生命线。没有学生,就没有教师、没有干部职工,也就没有大学"①。学生是高等教育的主体,同样是高职院校的主体。育人是学校各项工作、更是学生工作的最终目标。也就是说,科学发展观在高校的最终体现就是以生为本。"树立以生为本的理念,就是要改革人才培养模式,做好育人工作;就是将'有利于学生健康成长,有利于学生素质提升,有利于学生就业创业,有利于学生可持续发展'作为检验育人工作得失成败的衡量标准;就是要'关爱学生进步、关注学生困难、关心学生就业',在校园内形成爱生文化。"②对于高职院校而言,做到全面协调可持续发展和统筹兼顾,就是既要做好学校的教学工作,又要做好学校的育人工作;既要关注学校纵向和自己相比较而言的发展速度和发展进程,又要横向关注全国乃至世界的高等职业教育动态,以便更好地发展并完善自我;既要做好校内的人才培养工作,又要注重工学结合、校企合作,培育行业企业需要的高素质人才;既要适度引进企业文化,又要做好大学文化建设;既要建设好大楼,也要引进大师;既要讲求规模、速度、质量,也要处理好三者之间的关系。对于作为学校工作重要组成部分之一的学生工作而言,就是既要做好安全稳定工作,守住发展底线,做好教育管理,在继承中发展,又要做好服务和引导,使学生成长、成才。做好学生工作需要科学发展观的指导,更需要在科学发展观指导下形成科学的学生工作体系并发挥体系的育人功能。

构建科学的高职院校学生工作体系具有重要的实践意义。笔者做学生工作多年,一直以来比较关注各高校尤其是高职院校学生工作的状况。据了解,2009年2月,浙江师范大学提出全面构建发展型学生工作体系。2010年6月,杭州师范大学提出建立一种一切以学生的发展为中心的学生思政教育体系。笔者担任浙江省高校辅导员工作研究会副会长一职,多次主持浙江省高校学工部长会议的分组讨论以及学工部长研修班的分组讨论,多次到相关高职院校学习考察,无论是在与兄弟高校交流中,还是从资料上查找,都发现兄弟高职院校学生工作负责人谈及自己工作的体系或总体工作模式的较少,忙于事务性工作的较多,处于教育管理阶段的工作或者模式的也比较多。当然,也有一些高职院校已经提出并正在构建服务型学生工作体系。从发展方向看,将来的学生工作体系应该是发展型的学生工作体系。结合目前高职院校学生的现状及发展阶段,笔者以

---

① 杜玉波.全面推进素质教育 培养高素质创新人才[J].中国高教研究,2012(1):2.
② 张鹏超.高职院校素质教育载体构建与学生的"千日成长"[J].中国职业技术教育,2013(16):77.

为构建发展服务型学生工作体系更加符合当前及今后一段时间内高职院校的特点和需求,故本书对于构建完善的高职院校学生工作体系具有一定的借鉴意义。

二、国内外研究情况概述

目前,高校学生工作得到了政府的重视、学者的关注、社会的支持,国内对高校学生工作的研究很多,各方面的文章大量发表,各种学术或工作会议大量召开,各种研究会、学术团体、民间组织纷纷成立,这必将推进我国高校学生工作的大发展。

(一)国内研究现状

2013年9月,在中国知网(CNKI)上以"高校学生管理"为主题搜索,共搜到核心期刊论文553篇;以"学生工作模式"、"学生工作体系"为主题搜索,分别搜到242篇、130篇文章;以"服务型(性)学生工作模式"、"服务型(性)学生工作体系"为主题搜索,分别搜到13篇、10篇文章;以"发展型(性)学生工作模式"、"发展型(性)学生工作体系"为主题搜索,分别搜到19篇、1篇文章。由此可见,学界对于"高校学生管理"、"学生工作模式"、"学生工作体系"的研究文章已比较多了,但对服务型和发展型学生工作模式或者学生工作体系的研究还比较薄弱。

近年来,一些专家学者对我国高校学生教育管理工作开展了研究。较早出版的著作有:陈立民主编的《高校辅导员理论与实务》(中国言实出版社,2006),李正军编著的《高校学生管理工作概况》(河北大学出版社,2002),顾翔主编的《大学生管理》(华东师范大学出版社,1988),原国家教委学生司编写的《大学生管理基础知识》(北京师范学院出版社,1991),吴正龙的硕士论文《高校学生管理工作创新研究》(2004),滕怀国的硕士论文《高校学生管理工作创新研究》(2008)。在期刊网上发表的论文,比较有代表性的是白海龙的《高校学生管理工作的问题及专业化研究》(《黑龙江高教研究》,2011年第1期),该文章分析了世界政治多极化、经济全球化、文化多元化、信息网络化以及社会组织形式和生活方式的多样化,学分制改革以及高校后勤社会化改革的模式与进程下高校学生工作面临的挑战,并提出了以生为本、民主、法制的学生工作理念及学生教育管理的对策。李冰水、谭琪发表的论文《比较视域下高校学生事务管理模式问题探讨》(《湖北社会科学》,2010年第2期),通过对中外高校学生事务管理模式的分析比较研究,指出我国高校学生管理工作应借鉴国外高校做法,加强专业化、规范化、职业化建设。嵇芹珍在《高职院校学生管理工作初探》(《学校党建与思想教育》,2010年第12期)中指出,要使学生管理工作更能体现教育、管理、服务、指导、咨询、维权、关爱的工作格局。一些文章指出要发挥学生在教育管理中的主体作用。如彭玉丹、朱爱虹指出:"提高学生自我教育自我管理的能力,关键在于要千方百计激发和培养学生的责任感,培养他们独立自主的精神和自我管理的能力,让每一个学生成为班集体的主人,逐步完成由教师管理向学生管理的过渡,以实现'管,是为了不管'的目标。"①诸多学者专家对学生教育管理中的问题进行了比较充分的分析并提出了很好的对策。

对于服务型学生工作体系或者学生工作模式研究的文章还是比较多的。比较有代表性的文章是吕卫华的《服务型:高校学生工作的未来发展路向》(《教育与人才》,2009年第4期),杨克非的《服务型学生工作模式的理性思考》(《学校党建与思想政治教育》,2004年第6期),李铁莉、刘兴耀、王宁、成语的《高校服务型学生工作体系的构建》(《教育管理》,2011年第9期),王楠楠的硕士论文《高校学生管理工作创新研究》(2011)。李铁莉、刘兴耀、王宁、成语在文章中论述了构建高校服务型学生工作体系的必要性,并从完善规章制度和工作规程、完善学生工作平台、加强队伍建设等三个方面提出了构建高校服务型学生工作体系的基本内容。杨克非在文章中指出:"服务型学生工作模式是指以学生为主体,以为广大学生服务为主要表现形式的新型工作模式,该模式把'以人为本'作为工作理念,以服务学生成长、成才为工作目标,以促进学生主体性发展为工作重点,将教育、管理、服务三者融为一体并贯穿于学生工作的始终,通过系统的服务体系、规范的服务管理、专业的服务队伍、高效便捷的服务方式,培养身心健康、全面发展的、有个性并富有创业能力和创新精神的时代青年,形成尊重教育对象、研究教育对象、服务教育对象、发展教育对象的良好格局。"②吕卫华在文章中在论述构建服务型学生工作模式的现实意义的同时,还指出"服务型学生工作的内容包括:思想政治教育、学生发展研究、心理健康教育、学生资助服务、学生事务受理、就业指导服务等"③。应该说学界对服务型学生工作体系或者模式已有比较充分的研究,并在相关高校的学生工作实践中得以实施。

目前,一些学者对发展型学生工作进行了研究。其中刘配欢、李望平的《我国高校学生工作研究十年回顾与反思》(《当代教育论坛》,2006年第3期),蔡国春的《21世纪我国高校学生工作的观念变革》(《吉林教育科学》,2001年第1期)等文章较早地指出应将学生的发展视为学生工作的理论研究中心。对于发展型学生工作的研究值得深究的文章有:谢荣光的《"发展型"高校学生工作模式的探讨》(《黑龙江高教研究》,2006年第10期),冀学锋的《论高校发展型学生工作模

① 彭玉丹,朱爱虹.学生自我管理在学生管理工作中的实践[J].中国环境管理干部学院学报,2006(1):117.
② 杨克非.服务型学生工作模式的理性思考[J].学校党建与思想教育,2004(6):47-48.
③ 吕卫华.服务型:高校学生工作的未来发展路向[J].教育与人才,2009(4):96.

式》(《高等教育研究》,2006 年第 6 期),丁东宇的《论高校学生工作理念的深层转型》(《黑龙江高教研究》,2006 年第 5 期),王俊、范赟、倪蛟的《高校发展型学生工作模式探赜》(《学校党建与思想教育》,2011 年第 7 期),沈崴的《高校发展型学生工作模式研究》[《北京高等教育》(高教版),2007 年第 4 期],王俊、陆林、王洪涛的《构建发展型高校学生工作模式》(《江苏高教》,2010 年第 5 期),童静菊的博士论文《生本理念下高校学生工作体系研究》。这些文章明确提出了"发展型(性)"学生工作模式的概念,将发展作为统摄学生工作的基本理念,提出了如何构建发展型学生工作的方法、内容等。

　　以上诸多文章对当前的学生工作进行了深入的研究,形成了多学科、多角度研究的格局,相关的论述鞭辟入里。但是对于发展型(性)学生工作体系进行研究的文章几乎没有(关于体系域模式的区别和联系详见第二章论述)。在期刊网上以"学生工作体系"和"发展型(性)"为主题搜索,除了张蓓蓓的硕士论文《高校"发展性"学生工作理念研究》(2010)和龙芳的《谈发展型学生工作体系构建中大学生思想政治教育》[《成功》(教育),2011 年第 16 期]有所涉及外,未再搜索到相关论文。童静菊在其博士论文中对我国高校学生工作体系的历史、现状、存在的问题、生本理念下学生工作系统的构建及机制保障做了相对系统的阐述,虽然作者更加强调了生本理念,但纵观其论文更加接近的是服务型体系,可见学界对于发展型学生工作体系的研究还比较欠缺。而研究发展服务型学生工作体系(模式)的文章几乎没有,在期刊网上除了搜到田传信的《构建"以服务促发展"的学生工作新体系》(《湖北函授大学学报》,2011 年第 11 期)这一篇文章外,未再搜到其他文章。以上概述说明,对于构建发展服务型学生工作体系的研究,尤其是高职院校构建该体系的研究是非常必要和重要的。

　　(二)国外研究现状

　　他山之石,可以攻玉。虽然国情不同,高校的管理模式不同,但国外的研究现状可为我国高职院校构建发展服务型学生工作体系所借鉴。

　　第一,以学生发展为导向的美国高校学生工作体系。国内学术界在美国学生事务管理发展阶段的划分上提出了三段论、四段论、五段论和六段论等多种观点。根据学生事务本身的阶段性特征,笔者还是赞同将其分为四个阶段:"梳理美国高校学生事务管理 300 多年的脉络,可获知其历经以下四个发展阶段,并各有相应的主导理论——萌芽期:'替代父母制';发展期:'学生人事'理论;变革期:'学生服务'理论;新阶段:'学生发展'理论。"①或者是蔡国春在《中美高校学

───────────────

① 卢屏,吴岚.略论美国学生事务管理[J].人民论坛,2011(5):244.

生事务管理模式比较研究》中进行的划分:殖民地学院的学生生活与"替代父母制"、学生事务独立地位的形成:"学生人事工作"、二战后学生事务工作的复兴:"学生服务项目"的推行、学生事务领域最新进展:"学生发展理论和实践"等四个阶段。二者虽表述方式不同,但含义是相同的。对比中美高校学生工作,美国的"替代父母制"和"学生人事工作"与我国高校以教育管理为主的学生工作模式有类似之处;美国高校的"学生服务"与国内高校推行服务型学生工作模式有着雷同之处;美国的"学生发展理论和实践"和我们提出的发展型学生工作体系相对应。

第二,以学生为中心的英国高校学生工作体系。英国高校学生事务管理强调"以学生为中心"的工作理念,综合化、专业化的学生服务体系,规范有效的工作准则,重视学联在学生事务中的参与作用,构建起"学术导向"的学生工作体制。王占仁认为英国的"'一站式服务'有四个方面主要特征,即大楼设计的人性化、接受服务的便捷性、解决问题的高效性和学生服务的专业化。'一站式服务'的前提是学生事务管理的专业化;核心是整合学生事务服务的各项功能以实现便捷和高效服务;关键是构建学生工作与教学工作契合的运行机制;成效是增强学生事务管理工作的实效性;重要依托是集成学生服务的网络平台"①。可以认为以学生为中心的英国高校学生工作体系与国内谈的服务型学生工作体系有相似之处,不过英国的学生工作更加强调"学术导向"和学生自我教育与管理。

第三,生本化导向的加拿大高校学生事务体系。加拿大高校的学生工作强调学生的自我管理,在机构设置上凸显服务学生的理念,在工作运行机制上关注学生发展。"加拿大高校的学生工作体系体现了鲜明的'以学生为本'的育人宗旨,从工作理念到工作体系构成及其运行机制都体现了以学生为中心,以学生为主体,尊重学生的话语权、知情权、选择权和发展权,关心学生的个性发展和全面发展成为一切工作的出发点和落脚点"②,和美国的学生工作模式相近,可以将之归类为发展型的学生工作体系。

第四,澳大利亚、德国和法国的学生工作体系。澳大利亚高校学生事务体系也是以服务型为导向的,不再赘述。德国与法国的高校学生工作体系与美、英等国不同,德国与法国对学生非学术性事务的管理主要不由大学承担,可以将之概括为社会化导向的高校学生工作体系,在此也不再赘述。

综上,我国高校学生工作体系与西方发达国家的高校工作体系相比,在育人理念、工作内容、工作体制、工作规范以及法制化程度等诸多方面各不相同。究

---

① 王占仁.英国高校学生事务"一站式服务"的理念与实践[J].思想教育研究,2010(6):79.

② 童静菊.生本理念下高校学生工作体系研究[D].华中科技大学博士学位论文,2008.

其原因,主要是由于国体、政体和文化、历史背景以及发展阶段的差异。毋庸置疑,我国的学生工作体系有着符合本国国情和发展阶段的特色和优势。但是在高等教育国际化、大众化、全球化的大背景下,我国高校学生工作中诸如以生为本理念不足、服务意识不强、专业化程度不高、体制运转不畅等问题日益凸显。因此,借鉴西方发达国家高校学生工作体系的生本理念,加强学生事务与学术事务的联系,构建学生工作队伍的专业化、专家化发展道路,建立完善科学性、操作性强的学生工作法规,加强我国高校学生工作的专业化建设尤为必要。对于高职院校而言,一言以蔽之就是要构建完善的发展服务型学生工作体系。

三、本书的研究思路、主要内容与研究价值

本书的研究思路是在文献综述的基础上,坚持以生为本的理念,从系统论角度出发,突出实证研究并按照文献分析的方法,以当前高校学生工作体系面临的机遇和挑战为背景,分析并借鉴国外高校学生工作体系的有益经验,通过分析对比国内以教育管理为主的学生工作体系、以服务为主的学生工作体系和以发展为主的学生工作体系之间的优缺点,结合高职院校的特点,从理论上分析构建高职院校发展服务型学生工作体系的重要性和必要性,以及高职院校发展服务型学生工作体系的内涵;从实践出发,提出发展服务型学生工作体系构建的策略,并结合工作实践给出高职院校发展服务型学生工作体系的构建模型。

本书的主要任务是研究并构建高职院校发展服务型学生工作体系。

本书除了第一章"导言"介绍本书的基本情况外,以下各章的主要内容为:

第二章,高职院校发展服务型学生工作体系概述。主要是论述高职院校的发展状况、高职院校学生工作体系现状、高职院校发展服务型学生工作体系的内涵、包含的主要内容以及构建该学生工作体系的重要性和必要性。

第三章,高职院校以生为本的育人理念。以生为本是高职院校发展服务型学生工作的工作理念,主要包括学生工作理念的变化、以生为本的育人理念内涵以及实践载体等内容。

第四章,高职院校学生成长环境建设。学生成长环境建设是高职院校发展服务型学生工作的重要组成部分,主要包括"三全育人"机制建设、平安校园机制建设、学生学习指导体系建设、学生职业生涯规划与就业指导、文明寝室建设、发展服务型心理工作体系构建、发展服务型资助工作体系构建等内容。

第五章,高职院校学生素质教育载体研究。学生素质教育体系是高职院校发展服务型学生工作的育人载体。为了论述清楚高职院校学生工作素质教育体系构建的模型,该章以浙江金融职业学院的学生"千日成长工程"为例进行论述。

第六章,高职院校学习型学生工作队伍建设。学习型学生工作队伍是发展

服务型学生工作的重要保障,其主要内容有,班主任队伍、辅导员队伍建设、学生干部队伍建设等三个部分。

第七章,高职院校研究式学生工作方法。研究式学生工作方法是高职院校开展发展服务型学生工作的重要方法,该章主要论述研究式学生工作方法的必要性以及如何运用研究式学生工作方法开展工作。

经过查阅大量的资料及在日常工作中的总结,学界对于高职院校发展服务型学生工作体系的研究较少。其主要原因是缺少理论与实践相结合的研究人员。一些高校的教育理论工作者对学生工作不感兴趣或者缺少实践体验,一些高校的实践者,也就是高校学生工作者由于时间、经历、知识背景、学术兴趣等原因很少开展理论研究。再者高职院校发展时间短,发展过程中重规模建设轻内涵建设,重教学工作轻学生工作的现象还在一些学校存在。本书在研究学生发展的基础上,结合高职院校发展阶段和实际情况,提出构建发展服务型学生工作体系的理论内涵,并对该体系进行构建,给理论研究者提供不同的视角,给高职学生工作实践者提供借鉴。

第二章　高职院校发展服务型
学生工作体系概述

　　概念是文章的基石和土壤。研究高职院校发展服务型学生工作体系,首先要搞清楚高校学生教育、学生管理、学生工作、学生工作模式、学生工作体系等几个基本的概念。

　　对于这几个概念已有学者进行了研究并给出了定义,本书也采用了其中几位学者给出的概念。"所谓'学生教育'主要指对学生进行思想政治教育,使之具有正确坚定的政治方向和良好的思想道德品质";"所谓'学生管理',根据原国家教委1990年颁布的《普通高等学校学生管理规定》'是指对学生入学到毕业在校阶段的管理,是对高等学校学生学习、生活、行为的规范"。① 蔡国春从另一个角度阐述了学生管理这个概念,他认为"'学生管理'有广义和狭义之分。狭义的学生管理是指'管理学生',广义的学生管理是指'管理学生(人)和管理学生工作(事)'"②。蔡国春认为的广义的学生管理与《普通高等学校学生管理规定》给出的学生管理的定义虽然表述方式不同,但所表达的意思基本相同。"学生工作是指那些直接作用于学生,由专门机构和人员从事的、有目的、有计划、有组织地发展、养成、提高学生政治、思想、品德、心理、性格素质和指导学生正确地行为的教育、管理和服务工作。"③阐述学生工作模式和学生工作体系则势必要涉及模式与体系之间的关系。模式,是解决某一类问题的方法论。把解决某类问题的方法总结归纳到理论高度,就是模式。体系,泛指一定范围内或同类的事物按照一定的秩序和内部联系组合而成的整体,是不同子系统组成的系统。二者之间的区别是:体系是综合的整体,模式是种方法;二者之间的联系是:体系里面包含各种模式,模式存在于体系的各个方面。正因为模式和体系之间的紧密关系,我们研究学生工作体系势必要涉及学生工作模式。"学生工作模式,是指在一定的思

---

　　① 童静菊.生本理念下高校学生工作体系研究[D].华中科技大学博士学位论文,2008.
　　② 蔡国春.中美高校学生事务管理模式比较研究[M].青岛:中国海洋大学出版社,2007:13.
　　③ 李一萌.大学生诚信档案的应用,促进高校学生工作的开展[J].中国校外教育(下旬刊),2009(2):9.

想理论和教育理念的指导下，为实现高等教育目标，在高校的非学术事务，特别是非课堂教学领域内形成的关于学生教育、学生管理、学生指导、学生服务的工作理念、工作内容、工作组织、工作方法的体系。"①"高校学生工作体系是对高校学生工作整体的、全面的、系统的一种概括，它包括要素、层次、关系等，它是高校学生工作的各个组成部分相互联系、相互制约而构成的有机整体，即由高校学生工作的全部要素共同参与并相互作用的总体。""它包括学生工作的目标定位、组织机构、领导体制、运行机制、保障机制、评价机制等部分，他们相互联系、相互制约，并在运转中形成一个动态的整体，达到系统的总体功效。"②结合诸多学者的研究，笔者认为高校学生工作体系，是指在科学发展观指导下，高校在一定思想理论的指导下，经过长期实践而基本稳定的开展各项学生工作的理念、思维方法、目标定位、组织机构、领导体制、运行机制、保障机制、评价机制和逐步形成的学生工作体系。

第一节　高职院校学生工作体系的现状

一、高职院校发展概述

"改革开放初期，为解决地方应用型人才严重匮乏和高等教育资源严重短缺的问题，部分中心城市举办了一批以'收费、走读、不包分配'为主要特点的地方短期职业大学，率先打出了'高等职业教育'的旗帜。1985 年，《中共中央关于教育体制改革的决定》明确要求积极发展高等职业技术院校，改变专科、本科比例不合理的状况。"③1994 年，全国教育工作会议确立了"三改一补"的基本方针，拓展了高等职业教育的发展路径。1998 年，《中华人民共和国高等教育法》颁布，进一步明确了高等职业教育和高等职业学校在我国高等教育体系中的法律地位，同年，独立设置的高职高专院校有 386 所。"高等职业教育规模的扩张发端于 20 世纪 90 年代中期，高峰出现在 2005 年前后，此后逐渐趋于一种动态的稳定。"④发展最快的时候，曾经有两三年平均每四天中国就会诞生一所高职院校。经过 10 余年的快速发展，高等职业教育学校的数量和

① 王俊,范赟,倪蛟.高校发展型学生工作模式探赜[J].学校党建与思想教育,2011(7):63.
② 童静菊.生本理念下高校学生工作体系研究[D].华中科技大学博士学位论文,2008.
③ 上海市教育科学研究院,麦可思研究院.2012 中国高等职业教育人才培养质量年度报告[M].北京:外语教学与研究出版社,2012:3.
④ 孙晓峰,吴一鸣.找准方向　推进高职教育区域化发展[J].中国高等教育,2011(17):44.

在校学生的数量均占据了整个高等教育的半壁江山,"2011 年具有普通高等学历教育招生资格的高等职业学校数量达到 1276 所,占普通高等学校总数的60％"。"2011 年全国普通高职院校招生数为 325 万人,占普通高等学校招生总数的 47.7％。"①

为加强高职院校的内涵建设,国家组织开展了百家示范院校和百家骨干院校建设活动。2006 年 11 月,为贯彻落实《国务院关于大力发展职业教育的决定》(国发〔2005〕35 号)精神,提高高等职业教育质量,增强高等职业院校服务经济社会发展的能力,教育部和财政部正式启动了"国家示范性高等职业院校建设计划"。② 这项计划被誉为我国高水平高等职业院校建设的"211 工程"。国家在"十一五"期间划拨 20 亿元重点支持 100 所高水平示范院校建设,被列为"国家示范性高等职业院校建设计划"的院校,除了领导能力领先、综合水平领先、教育教学改革领先、专业建设领先、社会服务领先,及具有良好的建设环境外,还要求在人才培养模式、实验实训基地建设、师资队伍建设、课程体系与教学内容改革等方面取得实质性突破,力争做发展的模范、改革的模范、管理的模范,以带动全国高等职业院校深化改革,提升我国高等职业教育的整体水平,引领我国高等职业教育健康持续发展。经过努力,"4 年来,示范建设院校在探索校企合作办学体制机制、工学结合人才培养模式、单独招生试点、增强社会服务能力、跨区域共享优质教育资源等方面取得了显著成效,引领了全国高职院校的改革与发展方向"③。

为贯彻落实《国家中长期教育改革和发展规划纲要(2010—2020 年)》,创新高等职业教育办学体制机制,深化教育教学改革,提高人才培养质量和办学水平,全面提升服务经济社会发展的能力,根据教育部、财政部《关于实施国家示范性高等职业院校建设计划　加快高等职业教育改革与发展的意见》精神,2010年 6 月,教育部和财政部组织新增 100 所左右骨干高职建设院校。骨干高职建设院校工作的目标、任务和主要内容是:"推进地方政府完善政策、加大投入,创新办学体制机制,推进合作办学、合作育人、合作就业、合作发展,增强办学活力;以提高质量为核心,深化教育教学改革,优化专业结构,加强师资队伍建设,完善质量保障体系,提高人才培养质量和办学水平;深化内部管理运行机制改革,增

---

① 　上海市教育科学研究院、麦可思研究院.2012 中国高等职业教育人才培养质量年度报告[M].外语教学与研究出版社,2012:1—2.

② 　"教育部财政部关于实施国家示范性高等职业院校建设计划　加快高等职业教育改革与发展的意见"(教高〔2006〕14 号)[DB/OL].http://www.doc88.com/p-312626456959.html,2014-5-18.

③ 　"教育部财政部关于进一步推进'国家示范性高等职业院校建设计划'实施工作的通知"(教高〔2010〕8 号)[DB/OL].http://baike.baidu.com/view/4058537.htm,2014-5-18.

强高职院校服务区域经济社会发展的能力,实现行业企业与高职院校相互促进,区域经济社会与高等职业教育和谐发展。"①新的 100 所骨干高职院校建设于 2010 年至 2012 年间遴选完毕,2015 年完成全部项目验收工作。

二、高职院校学生工作概述

经过短短几十年的发展,高等职业教育取得了巨大的成就。在看到成绩的同时我们也要看到,一些高职院校在强调数量扩张时忽略了内涵质量的提升,一些高职院校"过分强调就业导向,一定程度上弱化了育人功能,致使高职院校的人才培养出现功利化的趋势"②。目前的高职院校绝大多数都是 1998 年以后建立的,多数由过去的中等专业学校升格而成。中专的管理体制对高职院校有着直接的影响。虽然国家推出了示范院校建设和骨干院校建设,对高等职业院校的内涵提升起到了积极的作用,但客观而言对于高职院校的学生工作起到的由上而下的推动作用不是很大。

目前多数高职院校的学生工作还处于传统的管理模式。由于一些院校由中专升格的时间较短,学生管理中的中专痕迹还比较明显;学生或文化基础相对较差,对理论知识的学习力不是很强,或对高职的认同度不高,或生活自理能力较差,或心理承受能力差等。多数高职学校对学生采取严格、生硬的管理,忽视了高职生的自我教育和自我管理能力的培养。由于高职学生管理工作队伍人数过少、素质参差不齐、不稳定,而高职学生人数逐年增加,学生工作队伍压力较大等原因,一些高职院校的服务意识比较淡薄。高职教育的办学基本价值取向是以服务为宗旨,以就业为导向的,其工学结合、校企合作育人模式的特点突出,而其学生工作没有把握高职的特殊性,在手段和方法上结合高职育人特点的改革还不是很多、不是很好。由于高职院校成立时间较短,以及学校对学生工作的重视程度有所欠缺等原因,学生工作在人才培养中的地位还不是很突出。总体而言,目前多数高职院校的学生工作还处于以教育管理为主的学生工作模式。笔者查阅了 14 所高职院校(为论述方便,未包含浙江金融职业学院)近年的学生工作计划或者总结,有 11 所高职院校的学生工作体系仍处于以教育管理为主的阶段,其中有 3 所高职院校虽已提出服务型学生工作体系的相关理念,但在计划或总结中体现该理念的工作很少或者只有部分涉及,多数工作仍以教育管理为主。处于以教育管理为主阶段的学生工作模式的主要特征是:过分强化学生的安全

①　"教育部财政部关于进一步推进'国家示范性高等职业院校建设计划'实施工作的通知"(教高〔2010〕8 号)[DB/OL]. http://baike. baidu. com/view/4058537. htm,2014-5-18.

②　孙晓峰,吴一鸣. 找准方向　推进高职教育区域化发展[J]. 中国高等教育,2011(17):44.

稳定、教育管理及日常工作,较大篇幅和范围地修订学生工作制度及规范管理程序,校院(系)两级管理体制还未完全理顺,或者没有理念只是完成事务性学生工作等。当然,也有一些高职院校正在构建或者初步构建了服务型学生工作体系。这样的高职院校,在笔者查阅的 14 所学校中有 3 所。

第二节　高职院校发展服务型学生工作体系探析

一、高职院校发展服务型学生工作体系的内涵

(一)高校发展服务型学生工作体系内涵

国内外对发展型学生工作模式或者体系的研究文章不是很多,在前面"国内外研究情况概述"部分已作概括。在期刊网上未搜索到高校发展服务型学生工作体系的定义,有一些学者对发展型学生工作模式进行了研究。冀学锋认为,"发展型学生工作模式,是指以学生为主体,以促进学生全面发展为主要内容的学生工作模式。"[①]谢荣光认为,"高校学生工作'发展型'模式是指在现代教育思想或素质教育理论指导下,以学生的全面发展为核心,在实践中形成的关于学生工作结构及其操作方法体系。"[②]

2009 年 2 月,浙江师范大学提出,以科学发展观统领学生工作全局,坚持"为每一个有梦想的学子提供成长舞台,为每一个有准备的学子创造成功机遇"的工作理念,突出"引领、服务、研究"主题,以服务学生成长成才为根本,以学风建设为龙头,以切实提升学生的就业核心竞争力和可持续发展能力为着力点,以安全稳定为保障,努力推进学生工作的"转型升级",全面构建发展型学生工作体系。2010 年 6 月,为全面推进大学生思想政治教育工作,杭州师范大学新增投入近 1500 万元专项资金,构建和运行发展型学生工作体系,其核心精神就是建立一种一切以学生的发展为中心的思政教育体系。

由此可见,国内学界和实际工作者已经开始对发展型学生工作进行理论研究和实践探索。

(二)高职院校发展服务型学生工作体系构成

结合学界及高校对服务型学生工作和发展型学生工作的理论研究和实践,

---

① 冀学锋.论高校发展型学生工作模式[J].高等教育研究,2006(7):99.

② 谢荣光."发展型"高校学生工作模式的探讨[J].黑龙江高教研究,2006(10):132.

结合目前的实际情况,高职院校应着重研究并积极实践发展服务型学生工作体系。高职院校发展服务型学生工作体系,是指在科学发展观指导下,坚持"以生为本"的理念,不断完善"三全育人"体系和学生素质教育体系,经过长期实践而定型的促进学生全面发展的学生工作体系。可以用"教育—管理—服务—发展"方式表述发展服务型学生工作体系。在这一体系中,教育、管理和服务都只是一个过程和手段,学生的发展才是最终的目标和归属。这一体系将教育者的学习、成长和发展也考虑在其中,不仅要促进受教育者的全面发展和进步,同时还要促进教育者自身的进步和发展。该体系包含"以生为本"的学生工作理念、系统性的学生成长环境、学生素质教育体系、学习型学生工作队伍和研究式学生工作方法等五个方面内容。构建发展服务型学生工作体系应坚持"以生为本"的理念,坚持"三全育人"和统筹兼顾的原则,坚持发展性原则,坚持求真务实、敢于创新的原则,坚持活动教育与制度引领相结合的原则。

构建完善发展服务型学生工作体系,应主要做好以下五个方面的工作:

第一,不断深化"以生为本"的工作理念。"以生为本"理念是发展服务型学生工作体系的核心价值。"以生为本",要求全体教工尤其是学工线教师要多了解学生,多关心学生,更多地考虑学生个性,充分调动学生的积极性,切实做到以学生为先、以学生为重、以学生为主、以学生为荣;就是要尽职尽力地促进学生健康成长、成功就业、优质成才;就是要进一步优化育人环境,构建完善发展服务型学生工作体系,不断深化"以生为本"的理念和实践,让渴望进步的学生有平台,让困难的学生得到关爱,让全体学生都能够健康成长、快乐成才,在校内形成爱生文化。

第二,进一步加强学生成长环境建设。"三全育人"理念是做好学生工作的必要条件,"全员育人,全过程育人,全方位育人"是发展服务型学生工作的必要条件,同时也是重要内容之一,应进一步推进"三全育人"工作,完善"三全育人"保障机制和工作机制,创新工作载体,营造"三全育人"良好氛围,形成强大的育人合力。在发展服务型学工体系下做好学生成长环境建设,主要是做好学生安全稳定工作,做好学生的学习指导工作、职业生涯规划与就业指导以及文明寝室建设工作,构建完善发展服务型学生资助体系和心理教育工作体系。

第三,进一步完善学生素质教育体系。《国家中长期教育改革与发展规划纲要(2010—2020年)》明确提出:"坚持以人为本、全面实施素质教育是教育改革发展的战略主题,是贯彻党的教育方针的时代要求,其核心是解决好培养什么人、怎样培养人的重大问题,重点是面向全体学生、促进学生全面发展。"在高等职业学校实施素质教育,合理使用高职学生三年在校1000天的时间,促进学生健康成长、顺利毕业、优质就业、可持续发展,这既是贯彻规划纲要的要求,也是高职院校办学的重要任务。高职院校应该将学生在校 1000 天时间作为系统工程科学设计,统筹规划,构建全程育人机制,不断完善学生素质教育体系。

第四,进一步加强学习型工作队伍建设。打造满足社会发展、教育发展和学生主体性发展要求的学习型工作组织,是构建发展服务型学生工作体系的重要保障,也是发展服务型学生工作体系的一项重要内容。进一步加强学习型工作队伍建设,首先是加强学生工作队伍建设。积极开展基于工作的考察、调查、培训、讨论、研究活动,不断提升学生工作队伍的能力和素质。深入实施辅导员素质提升工程,探索辅导员发展模块式培训方式,不断加强高水平职业化辅导员队伍建设;制定完善班主任考核办法,进一步加大班主任过程考核和结果考核的力度,提升班主任工作水平。其次是学生骨干队伍建设。继续完善和加强学生骨干培养力度,加大大学生优秀典型的培养和宣传力度,积极开展朋辈示范教育,发挥先进集体和骨干分子的带头示范作用。

第五,进一步完善研究式学生工作方法。由于学生情况的变化、教育环境的变化、网络信息的影响以及高等教育大众化学生管理模式的变化,积极开展基于工作的研究是做好学生工作的必要方法。坚持学生工作委员会例会、学工部例会、各系(院)学生工作例会等会议制度,坚持定期研究学生工作,鼓励全体学生工作者积极申报各级各类大学生思政专项课题,鼓励各级学生工作组织积极开展基于工作的研究与实践,加强学习型组织建设,组织征集优秀学生管理案例,开展优秀"生情"微博评选活动等,构建满足社会发展、教育发展和学生主体性发展的研究式学生工作方法,切实提升学生工作队伍的专业化水平。

二、构建高职院校发展服务型学生工作体系的意义

高职院校发展服务型学生工作体系是在科学发展观的指导下,基于传统学生工作体系的局限、目前学生的特点和已变化的社会环境而提出的,是符合学生工作发展方向和学生、家长、学校及社会需求的。

(一)传统学生工作体系的局限

传统的学生工作体系是教育管理型学生工作体系和服务型学生工作体系。教育管理型学生工作体系的主要局限:一是缺少以生为本的理念。主要表现为过度注重社会发展的单方面需要而忽视学生的需要,过度注重学校的现实需要而忽视学生的发展需要,过度注重整体的需要而忽视学生个性发展的需要,过度注重教师的需要而忽视学生的需要,忽视了学生的主体地位和客观差异性,将学生视为教育管理的对象,以学生不出问题或少出问题为原则,从而形成了以"问题管理"为重点的工作模式。二是教育内容陈旧,管理方法单一,以显性的思想政治教育与硬性管理为主。"主要职能是教育和管理学生,教育着重于思想政治

教育,方式上多以灌输、说教为主;管理着重于外在行为规范,以'保稳定'为工作目标,方式上多以防御型、被动式的管理为主。"①三是学生工作管理体制僵化。教育管理型学生工作体系的组织框架是"管理型机构",学生工作的重心偏高,在具体工作中侧重于行政管理,过于强调整齐划一,无法提供多样化、便捷化的服务项目来满足学生各种学习、生活及个性化发展的需要,不能很好地解决学生的需求。四是学工队伍人员素质有待提升,缺乏主动服务的意识。与专业教师相比,学生工作者普遍存在着学历层次偏低、年龄结构偏低、职称职务偏低、流动性较大、专业基础和技能薄弱等问题;学生工作队伍的专业化和职业化问题还没有解决,这进一步制约了学生工作队伍素质的提升。由于思维定势和管理上的"方便",学生工作者习惯采用前置的方法进行管理,采用灌输式的方法进行教育,注重刚性维稳,缺乏主动的服务意识。

随着高等教育的发展,一些高校探索实践了服务型学生工作体系。应该说该体系较教育管理型学生工作体系有了很大的进步,也符合学生工作的实际。但是该体系仍有其不足之处:一是多数高校实践该体系是借鉴英国等西方国家的服务型学生工作体系,其有利的一面是西方高校学生工作模式注重隐性教育和咨询服务,易于被学生接受;不利的一面是忽视了历史传统和文化背景的差异,忽视了西方高校由于欠缺必要的学生教育管理而出现的校园暴力等丑闻。二是该学生工作体系需要通过学生来寻求服务而进行育人,其被动性较强。而服务型学生工作体系忽视了学生的发展是教师教书育人和教育环境的共同作用并通过学生学习、实践进行内化的,忽视了学生的主体作用,即外因通过内因起作用;忽视了学生自我教育、自我管理、自我服务的能力和作用,忽视学生的发展需求,使学生工作呈现为一种单向的、主体缺失的行为。

综上所述,传统的学生工作体系必须从只注重教育、管理功能、服务功能到注重发展服务功能的转变,从忽视学生主体地位到明确学生主体地位的转变,从理论灌输、简单说教、统一管束、被动服务的传统教育管理服务手段到以生为本的发展服务型学生工作体系的转变,以服务学生、发展学生来达到育人的目的。

(二)高职院校发展的需要

客观而言,教育管理型和服务型学生工作体系在过去几十年的高等教育中发挥了教育管理和服务功能,为培养人才目标的实现提供了保证。但是随着社会主义市场经济的不断完善,科学发展观的提出和实践,学生缴费上学、学分制的实行,学生居住的社区化管理,毕业生就业由分配转为自主择业,网络的普及

---

① 潘世墨.高校学生工作"教育、管理、服务"的辩证关系[J].中国高等教育,2007(10):12.

和高等教育的大众化等,教育管理型和服务型学生工作体系逐步退居次要地位。

目前,构建发展服务型学生工作体系,其重要意义在于:一是高职院校的数量和在校学生的人数均占据了整个高等教育的半壁江山,非常有必要抓好高职教育,作为高职教育的一个重要组成部分的学生工作体系建设亦十分重要。二是从发展时间而言,高职院校成立时间短,各校还处于文化的积淀和形成的过程中,处于管理机制的构建和完善的过程中,此时提出构建发展服务型的学生工作体系尤为必要。三是从价值理性而言,培养什么样的人才比如何培养人才更重要。四是从发展阶段而言,目前多数高职院校学生工作处于教育管理型学生工作模式,部分学校处于服务型学生工作模式,少部分学校正在探索发展型学生工作模式的现状,在近期提出构建发展服务型的学生工作体系较为符合实际情况。

第三章 高职院校以生为本的育人理念

理念,实际上就是我们对某种事物的观点、看法和信念。理念源于柏拉图的哲学观。他认为世界万物源于理念(idea),理念产生万物的形式,他的观念被称为理想主义(idealism)。理念源自实践,同时又指导实践。发展服务型学生工作体系需要科学的理念,这个理念就是以生为本。

第一节 高职院校以生为本育人理念探析

一、以生为本育人理念的内涵

"传统的教育是以教师为本位的,教师是整个教学活动的主体,而学生只是从属,学生的学习是在教师的严格控制下进行的,学习的目的就是完成教师的指令。新的教育理念强调'以学生为本',更加关注学生的权利,它强调学生具有获取知识、选择专业等权利;也更加关注学生的主体性,提倡发挥学生的主观能动性,促进学校改进教育方法以适应学生发展的需要。"[①]"教育的目的是将学生培养成为一定社会所需要的各种规格的人才,适应社会发展多方面的需要,而最终目标是促进社会的和谐发展,促进人类和个体自由而全面的发展。在社会主义社会初级阶段,教育的性质和发展的阶段性决定了以生为本的属性和特点。"[②]经查阅资料,多位学者对以生为本理念进行了较为科学的概括。谢树浩认为,"'以生为本'就是学校在办学过程中,以学生的培养和教育,以学生的成才、全面发展为根本"[③]。潘晔、阎高程认为,"以生为本,是指立足于社会主义建设对人才的需要,坚持尊重学生人格、权利、自由、发展和幸

---

① 谭德礼,江传月,刘苍劲等.当代大学生思想特点及成长成才规律研究[M].北京:人民出版社,2012:226.

② 潘晔,阎高程.高校教师践行以生为本的教育理念探析[J].学校党建与思想教育,2009(7):40.

③ 谢树浩."以生为本"的理论与实践问题[J].高教探索,2009(3):133.

福,使教育成为发展学生个性,完善学生人格,健全学生体魄,提高学生知识和创新能力,促进学生全面发展的根本途径,是社会主义教育的基本原则和价值理念"①。张荣路、张跃明认为,"坚持以学生为本,就是要把高职学生作为学生思想政治教育的出发点和归宿点,把高职学生看作是具有独立个性和自我观念的教育主体,在教育教学过程中重视启发、引导高职学生内在的教育需要,通过调动和激发高职学生主动学习的积极性、能动性和创造性,使他们树立正确的世界观、人生观和价值观"②。结合几位学者给出的定义,笔者认为,以生为本的理念是社会主义教育的基本原则和价值理念。高职院校以生为本的理念指的是高职院校在办学的过程中,在科学发展观的指导下,在注重发挥社会教育功能的同时,发挥教师的主导作用,尊重学生的人格、权利、自由、发展和幸福,调动和激发高职学生主动学习的积极性、能动性和创造性,使学生获得全面、主动、有个性和可持续的发展。

坚持以学生为本,是由教育的本质决定的。高职院校以生为本理念直接指向的是学校的办学目的和办学的根本指导方针,即学校为谁办学和如何办学。以生为本是学校办学的价值理念,即办学的根本,回答的是学校办学什么最根本、最重要、最值得关注的问题;涉及的是包含学生工作在内的学校办学的全面工作和全过程工作;以生为本是师德建设的核心内容和本质要求。当然,真正做到以生为本势必要求学校做到以师为本,因为以生为本和以师为本是统一的。

二、树立以生为本育人理念的必要性

以生为本的育人理念是教育界贯彻落实科学发展观的要求,是教育的本质需要,是构建和谐校园的需要。

第一,是贯彻落实科学发展观的需要。科学发展观,即"坚持以人为本,树立全面、协调、可持续的发展观,促进经济社会和人的全面发展"。科学发展观的本质和核心是"以人为本"。具体到高职教育特别是高职院校的学生工作上,就是要"以生为本",提倡人性化、人格化的教育、管理、服务和发展。以生为本的理念是科学发展观以人为本理念在高等职业教育的直接体现,是统筹兼顾的根本落脚点,是全面、协调、可持续发展的最基本要求。在教育中只有坚持以生为本,才

① 潘晔,阎高程.高校教师践行以生为本的教育理念探析[J].学校党建与思想教育,2009(7):40.

② 张荣路,张跃明.论以生为本的高职学生思想政治教育实施路径[J].学校党建与思想教育,2009(3,中):47.

能更好地贯彻落实科学发展观,才能充分调动广大学生学习创造的积极性、主动性,才能最大程度地做好育人工作,才能真正办好高等职业教育。

第二,由教育的本质决定的。"教育的本质也就是教育者对受教育者的身心有目的、有计划、有系统地施加影响的一种社会活动。简言之,是一种培养人的社会活动。"①高等职业教育的培养目标是"培养适应生产、建设、管理、服务第一线需要的,德、智、体、美等全面发展的高等技术应用性专门人才"。教育的本质和高等职业教育的目标指向都是做好人才培养工作。只有坚持以生为本,才能培养出高素质应用型人才,才能更好地推动经济建设、社会发展,才能更好地抓住教育的本质,促进人自身的发展。

第三,构建和谐校园的需要。高职院校是社会的重要组成部分,高职院校的和谐建设也是和谐社会的重要组成部分。构建和谐校园要求高职院校从管理型转变为服务型和发展型,从以领导为中心和教师为中心转变为以学生为中心,即"以生为本"。建设和谐校园,首要的是师生关系的和谐。作为教师而言,应做到爱生敬业;作为学生而言,应做到尊师重教。在师生双主体中,由于年龄阶段、知识、阅历等差异,更应突出强调教师以生为本的理念,并将之作为师德的重要组成部分予以宣传和考核。建立尊重学生、促进学生可持续发展的教育,使以生为本落在实处,使师生关系和谐、学生健康发展、校园稳定和谐。

三、以生为本育人理念的内在要求

以生为本,作为学校的办学理念,应真正做到"一切为了学生,为了一切学生,为了学生的一切",具体体现在如下几个方面:

理解学生,平等交流。相互理解是人与人之间交流沟通、和谐相处的重要方式。由于年龄、知识、社会阅历、成长背景的差异,对于同一件事,师生之间可能存在着不同的看法和处理办法,进而容易产生交流障碍乃至代沟。教师要深入学生,了解学生,理解学生,研究学生,与之平等相处,做受学生欢迎的良师益友。这既是人与人相处的基本要求,是教育工作者的基本素质,更是提升与学生沟通效果,落实以生为本理念的基本要求。

热爱学生,育人为本。"教育以育人为本,以学生为主体;办学以人为本,以教师为主体。"人才是教育事业发展的第一资源,办教育必须全心全意地依靠人民教师这支队伍。教师要忠诚于教育事业,就要对学生有真挚感情,要尊重学生、热爱学生,没有爱就没有教育。每一个学生个体都是有独立人格的个体,热爱学生就是要尊重学生的人格、合法权利、正当要求和选择。《中华人民共和国

---

① "教育的本质是什么"[DB/OL]. http://post.news.tom.com/DF0009105.html,2014-5-18.

教育法》规定："每个公民不分民族、种族、性别、职业、财产状况、宗教信仰等，依法享有平等的受教育机会。""受教育者依法享有受教育权。"热爱学生就要按照《教育法》的规定尊重学生受教育的权利，客观公正地对待学生；热爱学生就是要宽容、坦诚地对待学生，以育人为本，建立民主、平等的新型师生关系。

完善体系，发展学生。不断深化"以生为本"的理念和实践，就是既关注学生当前的发展，又关注学生长远的发展，尽职尽力地促进学生健康成长、成功就业、优质成才；就是要既关注学生个体的发展，又优化育人环境，关注学生群体的发展；就是要让困难的学生得到关爱，让渴望进步的学生有平台，让全体学生都能够健康成长、快乐成才，并形成爱生文化。

第二节　高职院校以生为本育人理念的实践

一、高职院校学生工作以生为本育人理念的实践载体构建

在高职院校学生工作中贯彻落实以生为本理念，既需要进一步加大宣传力度，让广大教职工尤其是学生工作者接受该理念，又需要科学设计载体，在实际行动中贯彻落实以生为本的理念。笔者所在的浙江金融职业学院党委提出建设"八个学校"，即"内涵建设先进学校，以生为本榜样学校，尊师重教模范学校，改革创新先行学校，文化建设特色学校，素质教育领先学校，和谐建设典范学校，社会责任引领学校"。"以生为本榜样学校"是"八个学校"的重要组成部分之一，是建设高品质幸福金院的主要内容之一。现将浙江金融职业学院学生工作在以生为本理念指导下的实践阐述如下。

浙江金融职业学院以生为本理念实践载体的构建及实施。为更好地贯彻落实科学发展观，牢固树立"教育以育人为本、以学生为主体"的理念，浙江金融职业学院提出并践行了"以生为本"的学生工作理念。2000年，学院建立后，率先在全国高职院校中提出了"一切为了学生、为了一切学生、为了学生的一切"的指导思想，着力构建"关爱学生进步、关注学生困难、关心学生就业"的工作体系；2008年，学院将5月23日（谐音"吾爱生"）确定为"爱生节"；2010年，学院提出并将"有利于学生健康成长，有利于学生素质提升，有利于学生就业创业，有利于学生可持续发展"作为检验育人工作得失成败的衡量标准，促进了人才培养质量的提高；2011年，将11月23日确定为深化"爱生节"活动日，在两个节日里均开展由全体领导、教师、后勤服务部门员工参加的大型师生"零距离交流"活动，举办订单班招聘会、毕业生供需见面洽谈会等。浙江金融职业学院贯彻落实以生

为本理念的最大特点之一就是学院领导亲自参与并推动该理念的实施。

在开展"爱生节"系列活动的同时,浙江金融职业学院还组织编印《让以生为本为学校自觉——"以生为本"理念与实践(2011—2012 学年)》《金院学子学习生活指南》等手册,开展了"进寝室,送温情,增亲情"、"绿色家园结对"、班主任电话家访活动,建造了"最舒畅的学生服务中心"。诸多活动,为师生零距离接触创造了机会,为进步的学生提供了平台,让困难的学生得到了关爱,让全体学生都能够健康成长、快乐成才;诸多活动,进一步突出了学生的主体地位,进一步落实了"以生为本"的育人理念。

二、高职院校学生工作以生为本育人理念实践案例

为了更好地说明浙江金融职业学院对以生为本理念的实施,现将 2013 年"爱生节"活动的方案及报道稿作为案例,仅供参考。

案例:浙江金融职业学院 2013 年"爱生节"活动方案

教学相长　圆梦金院

金院梦,是金院学子的成才梦;金院梦,是金院教师的育人梦;金院梦,是金院师生教学相长的幸福梦。为进一步助推金院学子成长成才,2013 年我院"爱生节"的主题是:"教学相长,圆梦金院",具体方案如下:

一、走进学生寝室,了解学生梦想

活动形式及目的:全体教师、干部走进所联系的寝室,了解学生的梦想,关心学生的发展。

活动时间:5 月 20～23 日(视情况自行选择时间段)

活动地点:学生寝室

参加人员:联系寝室的教师、干部及所联系寝室的学生

组织部门:各系、各班级

协调单位:学生处

二、宣传十佳事迹,学习十佳精神

活动目的:2013 年 5 月 8 日,学院表彰了"十佳大学生",他们是我院优秀学生的代表;他们勤奋学习、苦练技能、知行合一;他们敢于担当、迎难而上、坚忍不拔;他们通过自己的言行践行了以"务实、守信、崇学、向善"为内涵的当代浙江人的共同价值观。通过开展"宣传十佳事迹,学习十佳精神"活动;进一步树立学生

身边的榜样;进一步增进教师对学生的了解;进一步学习"十佳大学生"的感人事迹、优秀品质和进取精神;进一步加强我院师生的核心价值观教育。

(一)学习"十佳大学生"主题班会

活动时间:5 月 20~23 日

活动地点:各班教室

主持人:各班主任

参加人员:班级全体学生

协调单位:各系

注:观看"十佳大学生"VCR 并讨论,班主任总结讲话。

(二)"教学相长"专题会

活动时间:5 月 20 日 15:10 开始

活动地点:行政楼 101 会议室

主持人:方华副院长

参加人员:院领导,学生处、教务处主要负责人,各系主要负责人,十佳大学生

协调单位:党委办公室

注:观看"十佳大学生"VCR 并座谈,学院党委周建松书记总结讲话。

(三)"十佳大学生"专题学习会

1.专职教师

活动时间:5 月 22 日 13:10—14:30

活动地点:各系(银领学院)自定

主持人:各系主任(银领学院副院长)

参加人员:全体教师

注:观看"十佳大学生"VCR 并座谈。

2.行政教辅人员

活动时间:5 月 23 日 13:10—14:30

活动地点:相关党总支(直支)自定(七个系,银领学院除外)

主持人:相关党总支(直支)书记(七个系,银领学院除外)

参加人员:行政、教辅人员

注:观看"十佳大学生"VCR 并座谈。

三、做好订单招聘,服务学生发展

(一)做好订单招聘工作

活动目的:师生共同努力,为学生进入订单企业创造更好的环境、提供更专业的服务,进一步做好2014届学生订单招聘工作。

活动时间:5月17日全天

组织单位:招生就业处、各系

参加人员:符合条件的2014届学生

(二)做好退伍士兵学生订单招聘的推荐工作

活动目的:我院多数退伍士兵学生在校期间生活高度自律,学习刻苦认真,勤于练习技能,积极参加校园文化活动,乐于社会实践和志愿服务。他们的表现得到了广大师生的认可,学院党委书记周建松、院长盛健将为综合表现优秀的退伍士兵学生出具推荐信。学院有关部门将积极做好退伍士兵学生的培训指导推荐工作,帮助退伍士兵学生做好订单招聘工作。

活动时间:5月17日全天

组织单位:招生就业处、人民武装部、各系

参加人员:2014届退伍士兵学生

四、教学相长,圆梦金院

活动目的:教育是师生互动、教学相长的过程,教育是基于学生发展需要和社会需要的人才培养过程。不断提升教职员工素质,开展基于学生需求的教育,帮助学生圆梦金院。

(一)"基于需的教"教研活动

活动时间:5月22日14∶30—15∶30

活动地点:各系(银领学院)自定

主持人:各系主任(银领学院副院长)

参加人员:全体教师

注:组织教研活动,讨论如何开展"基于需的教",进一步提升教师职业素质,提高教学质量,教学相长,助推学生成才,帮助学生圆梦。

(二)"基于学生需求的育人工作"研讨会

活动时间:5月23日14∶30—15∶30

活动地点:相关党总支(直支)自定(七个系,银领学院除外)

主持人:相关党总支(直支)书记(七个系,银领学院除外)

参加人员:行政、教辅人员

注:组织开展学习活动,讨论如何开展"基于学生需求的育人工作",进一步提高行政教辅人员职业素质,提升育人质量,助推学生发展,帮助学生圆梦。

请各系、各总支(直支)按照以上方案积极制定部门活动安排,做好本次"爱生节"活动。活动结束后,各系、各总支(直支)应将活动的开展情况形成图文并茂的总结报告,于24日交至学院党委宣传部,并提供电子稿。

党委办公室、学院办公室、党委宣传部

教务处、招生就业处、人民武装部

学生处、团委

二〇一三年五月九日

案例:浙江金融职业学院第六个爱生节校网报道稿

<h2 align="center">教学相长　圆梦金院</h2>

——浙江金融职业学院迎来第六个爱生节

2013年5月23日是学院的第六个爱生节。"5·23",谐音"吾爱生",浓缩了全院教师对学生的关爱之情,汇聚了金色校园里的和谐之音。本次爱生节的主题是"教学相长,圆梦金院",共分四块系列活动:走进学生寝室,了解学生梦想;宣传十佳事迹,学习十佳精神;做好订单招聘,服务学生发展;教学相长,圆梦金院。

自5月17日开始,学院上下就开始围绕"教学相长,圆梦金院"主题,开展了爱生节的系列活动。

5月17日,是学院2014届订单班的集中招聘日,学院党委书记周建松、院长盛健亲自为综合表现优秀的退伍士兵学生出具推荐信。学院有关部门和系部的老师也齐心协力,积极做好学生进入订单班的培训指导和推荐工作,为学生进入订单企业创造了更好的环境、提供了更专业的服务,确保了2014届学生订单招聘工作的顺利开展。

5月20日下午,学院在兴业行政楼101会议室召开了"教学相长"专题会,学院党委书记周建松出席会议并作重要讲话,院长盛健、副院长方华,学生处,教务处,各系主要负责人及学院第八届十佳大学生参加了专题会。周建松在讲话中表示,从十佳大学生的身上看到了近年来学校的育人成果,更加坚信"三关"学生服务体系是卓有成效的。周建松指出,我们的学生很优秀、很可爱、很可亲,学院有关职能部门和系部要通过十佳大学生评选及"教学相长"专题会的活动,发现和弘扬学生的闪光点,推动学生的闪光面,引导教师向学生学习,要将从十佳大学生身上发现的闪光点转化为各自的行动,用真爱关爱学生,用真心关心学生,用真情关注学生。周建松强调,新的时期,学院上下要共同努力,通过不断深化"三关"服务体系来回应我们可爱、可亲的学生,要注重因材施教、个性化培养,使学生的潜能得到充分挖掘。他最后希望全体师生要有"时代责任、爱校之心、感恩之情、勤奋之志",共同推进学院优良的校风、学风、教风的形成。

5月22日下午,院长盛健莅临信息技术系"基于需的教"教研活动现场,与该系师生亲切交谈。在听取了信息技术系师生的发言后,盛健结合多年来的教学与工作经验提出了三点建议:一是在学院以金融、经济类专业为核心的大背景下,信息技术系在专业发展过程中要思考自身定位,明确专业人才的培养目标;二是要努力提升专业竞争力,丰富专业含金量,凝练专业特色,搭建平台,加强实践,培养和造就高素质的应用型人才;三是要进一步深化教学改革,教师在教学过程中要注重教学的方法与技巧,尤其针对学生特点因材施教。会后,盛健在系领导陪同下走访了桃李苑7号楼信息技术系的学生寝室,通过与学生交流,详细了解了学生的日常生活、学习情况。

5月24日下午,学院纪委书记陈利荣在会计系党总支副书记邵月花的陪同下,走访了会计12(1)、12(2)班学生寝室,了解学生梦想。陈书记深入了解了同学们的寝室环境卫生、内务整理、生活习惯等方面的情况,对内务整理良好的寝室给予了肯定,鼓励整洁的宿舍仍要继续保持,并落实到日常生活中,养成良好的学习和生活习惯,保持健康的生活状态。随后陈书记与同学们进行了座谈,就同学们关心的学习、生活、职业规划、未来梦想等方面问题进行了交流与探讨。陈书记认真听取了同学们对专业学习、考级考证、学校服务管理方面的需求和建议,表示学院将尽一切努力帮助同学们成长与成才,同时也鼓励同学们珍惜大学美好的时光,努力提升自己的职业素养,成为一个对社会有用的人。

5月24日下午,副院长方华在商务英语专业带头人曹深艳的陪同下,来到了13幢英语11(6)班的寝室。方华十分关注同学们的就业意向,给同学们提供了就业建议,和同学们一起畅谈了梦想,并向同学们介绍了我校杰出校友易会满出任中国工商银行行长一事。同时,她也十分关心同学们的学习与生活,了解了寝室里的硬件设施,建议同学们在设施损坏后要及时向宿管反映报修。方华还跟同学们一起讨论了文明寝室建设的问题,希望同学们能更好地学会相处之道和人际交往技巧,学风、室风优秀的寝室可以打造成为模板寝室,起到更好的示范带动作用。

5月21日下午,作为系部爱生节的活动之一,学院工会主席盖晓芬应邀为投资与保险系学子讲授金院文化。盖晓芬在讲座中穿插展示了我院校园文化景观，分别从文化的显性和隐性角度，全面地阐述了具有我院特色的"三维文化"育人体系，即诚信文化、金融文化、校友文化内容，并对我院物质文化、制度文化、行为文化及精神文化进行了详细的介绍。5月22日下午，盖晓芬参加经营管理系"基于需的教"主题教研活动并讲话。盖晓芬从"教学相长，圆梦金院"的意义、院系教学实践、教师个人教学等方面进行了深入浅出的阐述。盖晓芬指出，学生的"成才梦"和教师的"育才梦"，都体现了一种人文关怀精神，是为人的发展服务的主题思想。她强调，教师要具有良好的素养，要顺应社会的变化、行业的要求、学生的需求不断充实和丰富教学内容，改进教学方式，提升教学水平；院系在顶层教学系统设计、人才培养方案中，要考虑到教学相长的问题，更好地培养学生人际交往、职业素养等能力；教师个人要继续深化"三关"政策，把学生培养成优秀职业人的同时，真正实现教师自己的"育才梦"。

爱生节期间，学院各系均组织教师、干部走进所联系的寝室，了解学生的梦想，关心学生的发展，并组织教师专题观看了第八届十佳大学生事迹 VCR，同时围绕"基于需的教"主题，分教研室开展了教研活动，讨论如何开展"基于需的教"，进一步提升教师职业素质，提高教学质量，教学相长，助推学生成才，帮助学生圆梦。各党总支、直属党支部分别在观看"十佳大学生"事迹视频的基础上，召开了"基于学生需求的育人工作"研讨会，重点讨论如何开展"基于学生需求的育人工作"，进一步提高行政教辅人员职业素质，提升育人质量，助推学生发展。全院各班级也以主题班会的形式学习了第八届十佳大学生的事迹，通过学习活动，进一步了解了十佳大学生的感人事迹、优秀品质和进取精神，加强了全体学生的核心价值观教育。

在金院，爱生是一种理念，是一种号召，更是一种行动和自觉；在金院，以生为本落到了实处，逐渐形成的爱生文化正在孕育着一届又一届的学子。

第四章　高职院校学生成长环境建设

学生的成长和环境密不可分。广义而言,学生成长环境是指包含学校在内的社会大环境;狭义而言,学生成长环境是指学校为学生成长创造的物质环境和精神环境。一般而言,物质环境包含校容校貌、教学场所设施、生活场所的布置等内容,精神环境包括校风校纪、教风、学风、师生心理状态、人际关系等内容。在校园里每一个教职员工都是育人者,一草一木皆有育人之功效。本书讨论的育人环境主要是与学生成长直接相关的学习、生活、发展等精神环境,主要包括"三全育人"机制建设、高校"平安校园"机制建设、学生学习指导体系构建、学生职业生涯规划与就业指导、学生文明寝室建设、发展服务型心理健康教育工作体系构建、发展服务型资助工作体系构建等七部分内容。学生成长环境建设是以学生教育管理为主的学生工作体系和以学生为本发展服务型学生工作体系的重要内容。高校"平安校园"机制建设,是发展服务型学生工作体系的基础,也是做好学生工作的底线。"三全育人"机制、学习指导、职业生涯规划与就业指导、文明寝室建设、发展服务型心理健康教育工作体系、发展服务型资助工作体系是发展服务型学生工作体系的重要组成部分。虽然学生系统性成长环境建设在各类学生工作体系中均有体现且较为重要,但是在不同类型学生工作体系中的侧重点却有所不同。如学生心理工作,在教育管理型学生工作体系中,侧重的是做好学生突发事件的应急处置及预防;在服务型学生工作体系中,除了做好学生突发事件的处置及预防工作外,还要做好有需求学生的咨询服务工作;而在发展服务型学生工作体系中,除了完成以上两个体系的任务外,还要积极开展教育活动,教育学生如何进行心理问题的自我识别和调整,培育学生的阳光心态,为学生的可持续发展奠定良好的心理基础。下面,笔者就分章节逐一展开论述。

第一节　完善"三全育人"机制,
营造良好的育人环境

"三全育人"是"全员育人、全过程育人、全方位育人"的简称。完善的"三全育人"机制是学校高品质育人环境的重要组成部分,是做好学生工作的必要条件,是发展服务型学生工作的重要内容之一。高职院校应进一步推进"三全育人"工作,完善"三全育人"工作机制,创新工作载体,营造"三全育人"的良好氛围,形成强大的育人合力。

一、完善"三全育人"机制的总体要求

完善"三全育人"机制是贯彻落实《中共中央国务院关于进一步加强和改进大学生思想政治教育的意见》(中发〔2004〕16号文,以下简称"16号文件")精神的要求,是提高大学生思想政治素质,促进大学生全面发展的要求,是高职院校进一步深化人才培养工作的有效载体。

完善"三全育人"机制应以邓小平理论和"三个代表"重要思想为指导,深入贯彻落实科学发展观,全面贯彻党的教育方针,按照16号文件要求,牢固树立"学校教育,育人为本;德智体美,德育为先"的理念,解放思想、实事求是、与时俱进,以理想信念教育为核心,以爱国主义教育为重点,以思想道德建设为基础,以有利于学生健康成长、有利于学生素质提高、有利于学生就业能力增强、有利于学生可持续发展为出发点和归宿,培养敬业精神好、综合素质高、动手能力强、上岗适应快、发展潜力足的高品质学子。

二、构建全过程育人体系

(一)落实育人职责,完善工作机制

加强机制建设,应从上抓起,上下结合,共同推进。各高职院校党委会、行政办公会应定期听取师生思想动态、校园安全稳定和隐患排查化解等工作汇报,定期研究部署大学生思想政治工作,认真研究制定安全稳定和隐患排查化解办法和措施。学院各职能部门和各系(院)要把大学生思想政治教育融入教学、科研、后勤、管理等各项工作中,形成全院齐抓共管的大学生思想政治教育工作机制。具体而言,人事处、科研师资处、教务处切实落实辅导员双重身份、双重待遇、双线晋升政策,让辅导员集中精力做好本职工作;分期分批组织辅导员、思政理论课教师开展社会实践和学习考察活动,使大学生思想政治教育更加联系实际、更加具有吸引力和感染力;人事处、学生处要制订并实施辅导员素质提升计划,尝试探索辅导员发展模块化培训方式,加强辅导员队伍专业化、职业化建设。人事处、学生处要进一步完善班主任工作考核办法,将班主任工作情况和开展学业指导情况折合为一定的工作量,纳入工作业绩考核之中,作为教师年度考核、职务职称聘任、派出进修和评奖评优的重要依据。科研师资处要设立专项课题,鼓励教职员工开展大学生思想政治教育研究工作。人事处、科研师资处、教务处、团

委等部门要积极组织开展"品位教师"、"星级教师"、"我最喜爱的青年教师"评选等活动,鼓励教师担任党建、学生社团、社会实践和科研创业活动的指导老师,以良好的教风带动学风。教务处、宣传部要提出各学科的专业伦理和职业道德的培养要求,明确检查与考核指标,将教书育人工作纳入到教师的业绩考核之中,进一步加强师德师风建设。学校各级管理部门和后勤服务部门要不断完善帮助学生成长、解决学生困难、方便学生办事、维护学生权益的大学生成长成才服务体系。社科部要撰写社会主义核心价值体系教育通俗读本,用科学的理论武装学生,进一步加强大学生的理想信念教育。学校团委应进一步修订完善各级团组织、学生组织工作职责,院、系、班主要学生干部工作职责,做好学生分类教育指导工作。各系(院)党总支和党支部要积极探索加强党建的有效途径,不断提高党总支和党支部的建设水平及其在学生中的影响力;各系(院)要结合专业特点,明确开展大学生思想政治教育工作的内容、主题、方法和载体,将育人职责分解落实到全体教职工中,将育人情况作为教职工评价考核、评奖评优、职务晋升的重要依据,并配置好开展大学生思想政治教育所必需的人、财、物等资源,形成一级抓一级、层层落实的工作体系。

(二)构建全过程育人体系,加强育人工作

各高职院校应从学院的办学目标、教育传统和人才培养特色出发,构建全过程育人的系统工程。该体系既要分年级进行教育,又要突出专业特色;既要关注学生的共性,又要注重学生的个性;做到分类指导,总体推进,逐步实施。该内容将在第五章展开论述。

三、提高全员育人能力

(一)牢固树立全员育人意识

学校的根本任务是育人,一切工作都必须以育人为中心;育人的宗旨是"一切为了学生,为了一切学生,为了学生一切"。学院全体教职员工都要牢固树立"以生为本"的理念,自觉承担对学生进行思想政治教育的工作任务,将思想政治教育渗透到知识传播、行政管理、生活服务等各项工作中,做好教书育人、管理育人、服务育人工作,并促进"三育人"工作制度化、经常化、规范化和科学化。

(二)发挥学生工作队伍育人的主力军作用

"三育人"的目的是全员育人,是动员全校教职员工在同一理念下共同育人。作为育人工作主力军的学生工作队伍更应尽职尽责,做好育人工作。

1. 发挥各系(院)党总支书记、系主任(学院院长)的育人作用

系(院)党总支书记(以下简称系书记)是做好本系学生思想政治工作的第一

责任人,应以本系教职工党建和思政工作为保障,以辅导员和班主任队伍建设为依托,以大学生党建工作为抓手,积极支持和指导团总支、学生会开展工作,主动协调各方力量,不断探寻有效载体,扎实做好育人工作。系主任(学院院长,以下简称系主任)要高度重视并与系总支书记共同配合做好大学生思想政治工作,将大学生思想政治工作列为本系的重要工作,定期在党政联席会议上研究部署,动员全系教工做好育人工作。系党总支书记(副)书记应具体开展教育管理服务工作,做好大学生思想政治工作。

2. 发挥辅导员的育人作用

辅导员是开展大学生思想政治教育的骨干力量,是大学生健康成长的指导者和引路人。辅导员的育人职责是:在学生工作部指导下,在各系党总支领导下,负责掌握学生思想动态,了解学生需求,负责学生党建、团建及思想政治教育;负责学生奖惩及帮困助学等日常管理工作;负责指导本年级或本系学生活动的开展和系级学生社团工作;进驻学生公寓并做好公寓的日常管理和文化建设;负责学生的始业教育、军训、社会实践及毕业教育等工作;配合班主任做好班级学风等管理工作,做好学生班、团干部的选拔和培养工作;完成系领导布置的其他工作。在日常工作中,辅导员要集中精力做好学生的思想教育引导、发展性指导、学生事务管理、生活指导和校园安全稳定工作。

3. 发挥班主任的育人作用

班主任是开展大学生思想政治教育的重要力量,是大学生的学业指导者和人生成长导师,也是大学生的良师益友和思想导师。班主任的育人职责是:在学生工作部指导下,在各系党总支领导下,负责学生专业思想教育和学习方法指导工作;负责学生实习与就业指导工作,帮助学生落实毕业实习与就业岗位;负责指导班级活动,促进班风和学风建设;会同辅导员负责学生班、团干部的选拔和培养工作,做好学生日常教育管理和日常行为指导,做好奖、惩及帮困助学等工作;配合辅导员做好学生公寓管理工作;负责完成系领导布置的其他工作。在日常工作中,倡导班主任做到"六个心中有数"、"六个至少":对德智体全面发展的学生要心中有数,对学生党员干部的模范带头作用要心中有数,对学习吃力的学生要心中有数,对生活困难的学生要心中有数,对心理有问题的学生要心中有数,对易发生违纪问题的学生要心中有数;每周至少坐班半天处理班级学生工作,每周早晚自修至少深入学生教室一次,每两周至少深入学生宿舍一次,每周至少与学生进行一次推心置腹的谈心,每月至少主持或参加一次班会,每月至少进行一次学生综合状况分析。

（三）发挥教师育人的主导作用

教师是学校教育的主导力量，是教书育人的主要承担者。教师在做好教学工作的同时，应有意识、有目的地对学生进行思想政治教育，既在生活上关心爱护学生，又在学习上严格要求学生，既做文化知识的传播者，又做身心发展的引路人。

1.发挥思想政治理论课教师育人的主渠道作用

严格按照要求配足配强专任教师，坚持课程教学的"三进"工作，坚持"以教材为纲、以学生为本"的课程建设思路。积极探索行之有效的教育载体和教学模式，多采用启发式、案例式、研究式等教学方法，多运用多媒体、网络等现代教学手段，多采取小班讨论等互动形式，积极开展实践教学活动，积极探索思想政治理论课与日常思想政治工作相结合的考核办法，把学生学业成绩作为学生的评奖评优、入党、毕业鉴定的指标之一。调动学生的学习积极性和主动性，进一步提高教育质量，增强教学效果，率先在教书育人方面取得显著效果。

2.教师要进一步强化课堂育人功能，将育人工作融入课堂教学环节

教师的育人职责是：做好课堂考勤，维护课堂纪律，保证教学秩序；主动教育帮助学习有困难、思想有困惑、自律意识差的学生，每月至少与学生交流2次；每月至少与相关系辅导员或班主任交流信息和动态1次；自觉遵守教师职业道德规范，言传身教，做学生的表率；在课堂教学活动中，注意挖掘素材，将思想政治教育渗透到教学的过程中。在日常工作中，倡导教师做到"六个一"：进入课堂早一点，关心学生多一点；迟到旷课学生管一管，学习困难学生帮一帮；师生交流多一些，教育引导多一些。

（四）发挥党员学生、学生骨干的桥梁纽带作用

发挥学生党建工作引领作用，加强学生党员发展的质量管理研究，以学生党员示范工程或先锋工程等为抓手，加强学生党员后继教育工作，不断提高学生党员的素质，充分发挥学生党员的示范带头作用。充分调动学生会、学生社团的积极性，做好学生的自我教育、自我管理、自我服务工作。一些高职院校可以尝试学生担任班主任助理制度，积极探索建立学生思想教育助理等形式，组织优秀学生骨干和学生党员与思想有困惑、家庭经济有困难、完成学业有难度、心理有障碍、行为自律较差等重点学生群体交心交友，协助辅导员、班主任做好帮扶工作。做好学生骨干的分类指导和培训工作。以团学干部培训班、"十佳大学生"评选、"我最喜爱的团学干部"等活动为载体，培养和宣传大学生优秀典型，发挥先进集体和骨干分子的带头示范作用。

四、实现全方位育人

（一）坚持文化育人

积极营造健康向上、高品位、高格调的校园文化氛围,培育大学精神、人文精神和时代精神,弘扬学院优良校风、教风和学风。围绕各校发展目标、发展战略和中心工作,立足"职业"属性,突出本校校园文化特色,以品牌化发展战略为实施载体,建设文化精品,提升文化品位,促进师生全面发展,营造具有大局意识、开放意识、发展意识、创新意识的和谐育人氛围。建立完善的网络舆情研判和突发事件处置机制,做好学生文明上网和监控工作。完善新闻发言人制度,把握舆论引导的主导权。鼓励各系创新文化建设形式,实施"一系一品"的文化精品工程,加强自身形象设计和宣传,注重品牌专业、品牌课程、品牌师资等建设,培育各系优秀文化品牌,形成百花齐放的校园文化格局。

（二）坚持实践育人

牢固树立实践育人思想,让大学生在社会实践中接受教育。根据假期社会实践、专业课程实习实训、思想政治理论课教学实践和志愿者服务活动等实践教育载体的特点,建立健全大一年级社会认知实践、大二年级企业见习实践、大三年级顶岗生产实践的"三年、三类、三层次"递进式、系统化的实践教育体系。学生工作部、外事处、团委应认真组织安排好学生社会实践活动,部分校外奖学金获奖学生素质拓展培训活动,部分优秀学生开展海外游学活动;社科部应结合课程特点组织开展红色之旅活动;教务处、各系应做好专业实习、顶岗实习的动员、教育管理工作。各部门要积极沟通,通力协作,优化资源,形成实践育人合力。

（三）坚持服务育人

1. 进一步加强就业工作

进一步巩固订单人才培养成果,完善就业创业运行机制、不断提高学生就业质量;以职业生涯测评咨询室和大学生就业创业指导站为平台,提升就业创业服务能力和水平;完善创业教育课程体系,加快就业指导"前移化、全程化、系统化、网络化"步伐。

2. 不断完善贫困家庭学生资助体系

完善以国家助学贷款为主渠道,以奖学金、助学金和勤工助学为辅助,以困难补助为补充的多元化资助体系,建立健全集物质资助与精神激励于一体、诚信教育与励志教育贯穿扶贫帮困始终的助学系统。继续设立"绿色通道",进一步规范助学工作流程,确保不让一个学生因家庭经济困难而辍学。

3.进一步深化大学生心理健康教育工作

建立以发展咨询中心为主阵地,专兼职心理教师相结合,广大学生工作者和医生广泛参与的心理健康教育体系。将心理健康教育知识纳入辅导员培训的必修模块,有计划地选派学生工作者参加心理咨询师资格的培训与考证。进一步做好学生的心理健康普查,进一步提高心理健康教育选修课的教学质量,进一步发挥心理咨询电话、网络咨询、学生心理协会的教育与咨询作用,不断加强大学生的心理健康教育。

4.做好文明寝室建设

认真落实学生公寓管理责任制,加强校外实习学生住宿管理工作,广泛开展评优评奖活动,确保社区秩序平稳有序;通过组织开展社区文化节、邻居节,营造健康文明的生活方式,进一步推进愉悦和谐社区建设。

(四)坚持环境育人

以深化"平安校园"建设为载体,以防范群体性突发事件和重大安全事故为重点,进一步加强人防、物防、技防体系建设,进一步完善校园安全稳定防控、预警和处置机制建设,切实做好校园安全稳定隐患排查化解、重点人群帮扶、信息员队伍建设等方面工作;加强对校园宗教工作的领导,妥善处置涉及师生的非法宗教活动;切实做好校园治安综合治理工作,进一步优化校园环境,营造良好育人氛围。进一步推进思想政治教育"进宿舍、进课堂、进网络、进学生活动"工作;充分发挥校报、新闻网等校园媒体的作用,为构建和谐校园唱响主旋律。

第二节 深化高校"平安校园"机制,
维护学生安全稳定工作

学生的安全稳定是党和政府的要求,是家长和社会的期望,是学校发展的基石,是学生成长成才的根本保障。我们要高度关注学生群体性事件和学生中的重大突发事件,牢固树立"隐患险于明火,防范胜于处置,责任重于泰山"的意识,坚持"稳定压倒一切,生命高于一切"的原则,按照重教育、重防范,抓重点、抓难点,出实招、见实效的思路,切实把维护学生安全稳定作为第一要务,并贯穿到育人工作的全过程。

一、深化高职院校学生安全稳定工作面临的主要问题

（一）敌对势力对高校的渗透破坏带来的不稳定因素

高职院校是高等学校的一个重要组成部分，同样受到境内外敌对势力的西化分化和破坏活动。近年来，境内外敌对分子、"法轮功"等邪教组织通过学校校园网、电话、短信、信件、微博、微信等渠道向高校进行渗透活动；非法宗教、宗教的非法组织甚至邪教势力以举办各种培训班、开展各种聚会活动，向学生传教、散布歪理邪说等形式发展学生信徒；境内外敌对势力千方百计寻机插手人民内部矛盾，采用造谣、夸大其辞等方式蒙蔽学生，极力制造事端，使个别问题群体化、简单问题复杂化、校园问题社会化、局部问题扩大化，唯恐天下不乱。

（二）社会转型升级过程中一些消极因素对师生道德建设的负面影响

随着社会转型和对外开放的扩大，多元经济并存、多元文化碰撞，开放的环境，造成了师生价值观念、行为方式和价值评判标准的多样性、多变性、利己性和矛盾性。一些师生中个人主义、自由主义、享乐主义、拜金主义有所抬头；"泛功利化"倾向比较明显，一些师生在观察和处理问题时，多是采用实用主义标准，对事情对错是非的判断以对自己是否有利为依据，凡是对自己有利的即为对的，凡是对自己不利的就是错误的。

（三）网络对校园安全稳定的影响

调查显示，几乎所有的大学生都相当熟悉网络，随着校园无线网络覆盖，学生不仅利用电脑上网，而且利用手机几乎可全天候使用网络。暴力、迷信信息，少数网站的论坛、BBS、博客、微博等出现的过激和不负责任的言论，往往容易误导学生。网络舆论逐渐成为社会舆论的核心，"谣伤"、"谣翻"现象层出不穷。写成"'谣翻'而不是'摇翻'，是特指通过造谣、污蔑的方式，试图损伤乃至彻底翻倒一个人、一个组织机关、一个政府部门乃至一个国家"。"近几年，接连不断的网络舆论事件，对中国方方面面产生了重大影响，例如'7·23'动车事件等。而在这一连串网络舆论事件中，秦火火所编造的谣言，无一例外都起到了关键性作用。每一次秦火火制造的谣言，都得到一些网络公知、大V们的鼎力转发和评论，他们主动地帮助秦火火传播其谣言，使这些谣言迅速成为当时社会舆论聚焦的中心。"①2013年，对秦火火等网络造谣生事人员的抓捕及对事情真相的查实足以说明网络谣言的"威力"。

---

① "秦火火团伙：中国最大的网络黑社会？"[DB/OL]. http://news. m4. cn/2013－04/1206634. shtml, 2014-5-18.

（四）校园及周边的治安环境对校园安全稳定的影响

一些学校及周边治安秩序不好，针对师生的刑事案件时有发生，直接威胁师生的人身、财产安全，影响到学校的安全稳定。一些学校周边餐饮、娱乐、文化市场等服务行业管理混乱，黄、赌、毒混杂其中，威胁、影响师生的身心健康。一些学校的新校区建设在城乡结合部，交通事件、刑事犯罪、学生与违法分子的摩擦等，均给学生的安全带来隐患。一些高校一校多区，或教学区与生活区相距较远，或没有围墙，客观上给学校的安全管理带来了难度。究其原因，主要是地方政府对综合治理的力度不够，学校的安全保卫工作措施落实不到位，学校、地方政府相互配合的工作机制尚未形成或者仍需加强。

（五）学生自身素质引发的问题对高校安全稳定的影响

大学生的层次和类别多样，心理障碍、学习困难、生活困难等特殊群体增多，由此引发的安全稳定问题越来越多。此外，由于缺少安全意识，学生还存在着交友不慎，容易被社会上违法犯罪分子利用的现象；防范意识薄弱，成为被诈骗的对象，被骗钱乃至骗色的事件时有发生；法制意识淡薄，个人利益被侵犯后不知如何处置，或因处置不当伤害了自己和他人。

（六）少数高校对安全稳定工作认识不够到位

少数地方和学校对学生的安全稳定工作认识不到位，把"平安校园"建设作为阶段性的工作，应付检查验收，对存在的问题重视不够、措施不力。一些学校维护校园安全稳定的队伍建设不适应，一些地方和学校对安全稳定工作人员重使用、轻培养，待遇不落实；一些学校对学生的安全稳定意识教育力度不够，对学生的应急处置教育不到位；一些学校维护学生安全稳定的工作机制不健全，工作基础还比较薄弱，应急机制不健全，信息渠道不畅通，等等。

二、以"平安校园"建设为抓手，构建维护学生安全稳定的长效机制

"平安校园"建设是推动教育持续协调健康发展的必然要求，是促进学生健康成长的基础和前提。加强"平安校园"建设，主要是夯实校园安全稳定的基层基础，加强以预防群体性事件和学生重大突发事件为重点的预警机制建设和加强校园安全稳定应急处置机制建设。

（一）夯实校园安全稳定的基层基础

进一步夯实维护校园安全稳定的基层基础，要从抓基层、打基础、练基本功做起。

1. 加强制度建设

各高职院校应认真学习上级文件精神，通过积极开展调查研究，结合变化的

新情况、新问题,不断修订完善平安校园建设的相关规章制度。通过制度建设,进一步做到依法治校、依法办校,从源头上维护校园的安全稳定。通过制度建设,进一步明确领导责任制和安全稳定责任追究制度;进一步完善常规管理制度,使日常管理工作更加规范化、科学化;进一步保证工作经费,进一步强化奖惩措施,深化"平安校园"建设。

2. 加强队伍建设

维护校园安全稳定工作,首先,应配齐配强学校保卫处及校卫队,通过积极开展保卫人员的培训,组织开展模拟突发事件演练、安全稳定现场工作会等形式加强保卫队伍建设;其次,要加强学生处队伍建设,配齐辅导员队伍,组织开展辅导员上岗培训班、学工部长会议、校内学生工作会议,定期研究学生情况,开展学生工作;此外,还要积极组织开展哲学社会科学骨干教师备课会、心理健康教师业务培训班、网络舆情研判分析处置研讨会等活动,加强大学生导师队伍、哲学社会科学教师队伍、网上评论员队伍、心理健康教师队伍建设乃至全体员工的安全稳定意识培养和能力培训。

3. 综合治理,齐抓共管

发挥各省、市学校及周边综治工作领导小组的作用,抓好校园周边环境的综合治理工作;建立完善学校与公安、消防、交通、卫生、工商、文化、城管等有关部门联动机制,有效维护校园及周边治安稳定;完善"校园110"、"园区110"报警求助系统等工作新载体;进一步统筹学校人、财、物各方面资源,实现维稳工作的联动机制。

4. 提高物防、技防水平

把物防、技防设施建设纳入到学校建设的总体规划中,进一步加大投入,在原有的基础上形成完备有效的物防、技防体系及快速处置工作体系。进一步加大技防设备的维护维修投入,加强保卫人员熟练使用设备的培训力度,不断提高设备的使用率。

(二)加强预警机制建设

笔者对维护学生安全稳定工作的突出认识是"隐患险于明火,防控胜于处置"。做得再好的处置都不如在防控阶段及时发现问题,并将各类矛盾"消除于萌芽、化解于基层、拦截于校内"。

完善的校园安全稳定预测、预控、预警机制是妥善处置校园群体性事件和学生重大突发事件的前提,主要由大学生思想动态定期研判制度、校园安全稳定隐患排查化解工作制度、完善的管理服务体系和重点人群帮扶制度、安全稳定信息报送制度组成。要做到思想动态研判扎实、客观,形成收集、汇总、分析、解决、反馈的闭环管理系统;要做到隐患排查细而又细,化解措施实而又实,责任落实严而又严;要用真心和爱心将重点人群帮扶工作做到位,要用细心和责任心加强信息员队伍建设,做好信息收集工作;要真正实现安全事故次数、非正常死亡学生人数"零增长"。

1.思想动态定期研判制度

把握学生动态是增强工作针对性的前提。各高职院校应将学生思想动态的定期研判制度与学生工作、安全保卫工作结合起来,做好三个方面的工作:一是在关注世情、国情、省情的同时,准确了解、掌握大学生思想动态,分析研判大学生关注的热点、焦点问题,采取教育引导的对策。二是建立工作档案。每一次研判都有较完整的记录,包括提出的对策措施,最终的工作落实情况,定期对前一个时期的措施落实情况进行调查和总结。三是对于研判中掌握到的比较敏感的群体性事件的信息,由高校安全保卫部门提前介入、准确了解信息、掌握舆情动态,牢牢把握工作主动权。

2.校园安全稳定隐患排查化解工作

各高职院校应建立定期的校园安全稳定隐患排查化解制度。每一次排查化解都要根据当时的经济、政治形势确定工作重点内容。各学校在隐患排查化解工作中,要做到:一是建立健全校领导班子研究和校领导分工负责制度。学校领导班子要召开专题会议研究校园安全稳定隐患排查化解工作。对于排查出来的每一项安全稳定隐患,都由一名校领导牵头化解。二是内紧外松,妥善处置。要求各学校精心组织好排查化解工作,系统全面,不留死角;对于排查出的隐患,积极采取有针对性的措施,切实把隐患和矛盾解决在萌芽状态,防止因简单草率处置不当,使矛盾积累、聚合、激化。三是建立健全排查化解工作档案。实行问题登记和台账制度、问题消解和反馈制度,工作责任落实到具体部门、具体人。

3.完善的管理服务体系和重点人群帮扶制度

各学校健全学业指导、就业指导、心理辅导、帮困助学、食堂管理等服务体系,提高服务质量,深入了解掌握家庭经济有困难、完成学业有难度、心理有障碍、行为自律较差等重点群体的状况,针对不同情况,提出工作对策和措施,做好重点人群的帮扶工作。

4.建立健全安全稳定信息工作网络,严格信息报送制度

安全稳定信息发现、报送制度是妥善处置各类突发事件的重中之重的环节。第一时间发现案情,第一时间报送信息,第一时间处置事件是应对突发事件的关键环节,是一切预案启动和应急处置的源头。

建立包含网络管理队伍、网上评论员队伍在内的安全信息员队伍。他们覆盖面广,能够及时、准确地了解、反映网络和现实生活中的安全信息,并能够对网络的负面信息进行舆情预警和干预等工作。健全信息沟通机制,健全重大事项通报制度,完善校长信箱、校领导接待日、学生事务申诉中心等机制,畅通校内沟通渠道。严格信息报送制度,按照重大事件信息报送的要求,及时准确地向上级和有关部门报送相关信息。凡出现重大事件迟报、漏报甚至隐瞒不报的,给予通报批评,并追究相关人员的责任。

通过校园安全稳定的预测、预控、预警机制建设,积极有效应对社会思想多元化、互联网普及化、高校毕业生就业和校园安全形势复杂化等多种安全隐患,做到形势判断准、工作部署早、落实抓得快,及时妥善地排查、化解影响校园安全稳定的隐患。

(三)突出校园安全稳定应急处置机制建设

全员育人、多方参与、协同处置是处置突发事件必不可少的环节。覆盖全员的安全教育,灵敏的信息工作系统,完善的校园安全稳定应急工作预案以及预案的演练,健全的应急处置网络及工作机制是加强高校平安工作,维护校园稳定的重要内容。

1. 面向全体学生开展灾难性事件自救知识教育

把平安宣传与社会主义核心价值观教育、思想道德教育、法制教育、心理健康教育、安全防范教育有机结合起来,积极发挥课堂主渠道功能,充分利用报刊、广播、电视、网站等媒体的作用,广泛开展形式多样的安全教育活动,教育帮助广大师生不断增强安全意识、法制意识和自我保护能力,最大限度地激发广大师生投身"平安校园"创建活动的积极性、主动性和创造性。

2. 突发事件应急预案及演练

制定突发事件总体应急预案和分项应急预案,并进行预案实战演练,切实提高处置突发事件、特别是群体性突发事件的能力。

3. 突发事件的处置要求

处置校园群体性事件,必须抢占先机,掌握主动,力争第一时间发现、第一时间介入、第一时间处理;必须讲究工作策略,因时、因地、因情,依法妥善处置,严防事态蔓延扩大,全力把事态控制在校园内部。同时,要坚持"四不放过"的原则,即"事故原因不查清不放过,事故责任者和广大师生没有受到教育不放过,事故责任者没有受到处理不放过,整改措施不落实不放过",妥善进行突发事件的善后处理。

进一步深化"平安校园"建设,夯实校园安全稳定的基层基础,构建维护校园安全稳定的预测、预控、预警和应急处置机制,是确保校园安全稳定的基础,是建设安全、稳定、文明、健康校园的重要保证,应不断探索,逐步形成完善的"平安校园"建设的长效机制,切实维护学生的安全稳定。

第三节　高职院校学生学习指导体系构建

随着高等职业教育改革的不断深入,面对未来学习型社会的发展趋势,学习改革成为我国深化高等职业教育改革的内在需要。如何培养高职学生学会学习,已成为当前高等职业教育的重要课题之一。学会学习应着眼于学生的全面发展和综合素质的提高,其不仅是主动适应知识经济时代和学习型社会到来的必要准备,也是实现个人可持续发展的必然要求。在创建学习型社会的时代背景下,科技发展日新月异,知识更新周期日益缩短,学习将变成人一生中不可或缺的生活方式。从学生就业到主动适应技术领域的职业需要来说,都要求高职学生学会掌握正确的学习方法,使学会学习成为一项受益终身的必备技能,而构建科学系统的高职学生学习指导体系也必然成为教育工作者的重要职责,从学习科学的视角把握大学生学习和成才的规律,提出学习指导的方法原则,切实为大学生学会求知、学会做事、学会共处和学会做人提供系统的方法论。

一、高职院校学生学习指导体系构建的意义

(一)构建高职学生学习指导体系是帮助学生适应学习环境的需要

随着知识经济时代和学习型社会的到来,社会对大学生的学习能力和自身素质提出了更高的要求,很多高职院校在人才培养模式和学生管理模式上不断改革创新,提出了"把成才的选择权交给学生"的教育理念。然而,高职学生的学习能力和自我规划能力相对较弱,加之长期以来受到应试教育的影响,并不能很好地适应大学里自主学习的内在要求,多数学生都无法独立地为自己设计合理的学习方案,更难以对三年的学习生涯进行系统的规划,缺乏明确的学习目标和职业发展方向,往往容易沉浸在大学的轻松氛围里,忽略了专业知识技能的系统学习。也存在一部分学生,虽然学习能力较强,也有自我成长的发展需求,但由于缺少科学合理的引导,最终并未能实现个人的长足进步和优质发展。因此,构建高职学生学习指导体系是帮助学生尽快适应大学学习环境的需要,教师需要从学习观念、学习态度、学习策略、学习方法、学习评价等多个方面对高职学生进行系统的有针对性的指导,帮助他们实现从中学生到大学生,从大学生到具备良

好职业技能和职业素养的准职业人的平稳过渡。

（二）构建高职学生学习指导体系是提升学生专业知识技能的需要

高等职业教育具有高等教育和职业教育的双重属性，以培养生产、建设、服务、管理第一线的高端技能型专门人才为主要任务，对高职人才培养提出了双重要求。因此，高职教育不仅要使学生知道"是什么"和"为什么"的问题，更要让学生知道"怎么做"和"怎样做更好"的问题，更需要培养学生较强的实践操作技能以及良好的社会适应能力。构建高职学生学习指导体系，可以最大限度地整合利用各方面的教育资源，结合专业特点和行业要求，为学生学习提供全方位的指导体系和制度保障。在高职学生学习指导体系的构建过程中，要根据学生的实际情况和发展需求做好顶层设计和具体方案，形成全员、全过程、全方位参与的育人格局，把一切有利于学生学习和成长的条件和资源全部纳入到学习指导体系中，建立健全高职学生学习指导的制度体系，同时有侧重点地加强对学生专业知识、职业技能、职业素养等方面的指导，突出职业性和操作性这一职业教育的显著特征，紧紧围绕提升学生专业核心竞争力的中心目标，力促学生的专业知识技能和综合素质得到较大幅度的提升。

（三）构建高职学生学习指导体系是促进教育教学和学生管理服务有效融合的需要

构建高职学生学习指导体系，通过将学习指导引入到学生管理工作中，一方面可以调动广大教师的育人积极性，主动提高自身的业务水平和综合素质，以担当起指导学生更好地完成学业要求的职责，从而实现专业教师与政工人员合力育人。另一方面，通过搭建融教育教学和学生管理服务为一体的高职学生学习指导体系，可以丰富学生思想政治教育工作的媒介和载体，学生管理人员以此为契机了解学生的专业情况，对学生的专业学习提出有指导性的意见和建议，帮助学生制定以职业为导向的学业生涯规划，促进教育教学和学生管理服务实现有效融合。

二、高职院校学生学习指导体系构建的目标和现状分析

（一）高职学生学习指导体系构建的目标

所谓学习指导，简单地说就是教师应用有关学习研究的基本理论指导学生的学习实践，解决学生学习过程中的实际问题，即教会学生如何学习，使学生会学、爱学、乐学，养成良好的学习态度和学习能力。在教学实践中，大学生学习指导体系的构建可以整合各种教育资源以形成完整体系，帮助学生解决学习上存在的问题，提高学生的学习能力，全面提高学习质量。体系化的学习指

导从宏观的视角、严密的结构、全方位的举措出发,既要研究学生如何学习,又要研究教师怎样指导学生掌握学习方法,研究教与学如何有效地契合,达到最佳学习效果。

学习指导的根本目的是指导学生学会学习。德莱顿和沃斯在《学习的革命》中提出:"全世界都在争论着这样一个问题:学校应该教什么? 在我们看来,最重要的应当是两个科目:学习怎样学习和怎样思考。"①他们认为怎样学习比学习什么更加重要,在学校与其说是学习具体的理论知识和操作技能,不如说是学习如何领悟其中的奥秘。大学的学习是学会学习的学习,是学会做人的学习,它同中学的教育是完全不同的两种模式。在大学里,学生要主动地进行知识的探索,要懂得如何去面对离开父母后的独立生活,更要懂得如何去辨别真伪,批判地吸收新的文化。尤其是对于高职学生而言,在大学里,除了学好专业知识外,还要练好一套过硬的技能,养成良好的职业素养,才能满足社会对职业人才的需求。构建高职学生学习指导是"学为主体"与"教为主导"辩证统一的高度体现,也是促进教与学互动、推动教学改革的有效途径。因此,教学的重点要从单纯的传授知识转变为注重学习能力的培养,应该把提高学生的学习能力作为高等教育的重要目标,把教学转化成一种引导、支持、帮助学生学会学习的活动。

(二)高职学生学习指导体系构建的现状分析

从现有的研究来看,学习指导学科理论体系构建的研究多集中在中小学教育和大学生学习指导两个方面,在大学生学习指导的实践方面,国外的一些大学对学生的学术指导已经形成了一种比较规范的制度和相对完善的体系。国内很多大学在学习指导方面已有一定的探索和实践,主要体现在以下三个方面:一是开设学习指导课程,通过授课的方式对学生进行学习观、学习方法和学习策略的指导;二是建立专门的学习指导机构,负责组织开设大学生学习指导系列课程,协调各种关系,开展学习指导相关活动;三是把学习指导渗透到教育教学与学生管理的各个环节之中,有的学校在新生入学教育中开展学习指导教育,有的学校把学习指导与专业导论结合起来,请本专业的学科专业带头人向学生进行学习指导。但是,这些做法多是一些尝试与探索,我国的大学生学习指导形成制度和体系还需要一定的时间和过程,对于有别于普通本科教育的高等职业教育的学习指导研究几乎处于空白状态。

---

① 珍特妮·沃斯,戈登·德莱顿.学习的革命(修订版)[M].北京:世界图书出版社,1998.

三、高职院校学生学习指导体系的主要构成

（一）树立正确的学习观念

1.终身学习观

终身学习是指社会每个成员为适应社会发展和实现个体发展的需要，而进行的贯穿于人一生的持续学习过程。终身学习的观点代表着一种重新组织教育体系的计划，这个计划对学校教育和成人教育都有革命意义。终身学习具有以下几个主要特点：一是终身性。这是终身学习最显著的特征。它突破了正规学校的框架，把学习看成是个人一生中连续不断的过程，是人们在一生中各种学习的总和，实现了从学前期到老年期的整个学习过程的统一。二是全民性。终身学习的全民性是指学习的人包括所有的人，无论男女老幼、贫富差别、种族性别。当今社会中的每一个人，都要学会生存，而要学会生存就离不开终身教育，因为生存发展是时代的主流，会生存必须会学习，这是现代社会给每个人提出的新课题。三是广泛性。终身学习既包括家庭学习、学校学习，也包括社会学习。可以这么说，它包括人的各个阶段，是一切时间、一切地点、一切场合和一切方面的学习。终身学习扩大了学习天地，为整个教育事业注入了新的活力。四是灵活性和实用性。终身学习具有灵活性，表现在任何需要学习的人，可以随时随地进行各种学习。学习的时间、地点、内容、方式均由个人决定。人们可以根据自己的特点和需要选择最适合自己的学习。虽然我们几乎每天都要提到"学习"二字，但对其内涵的理解却是千差万别。古往今来，人们一直认为"学习"这个词往往与"学校"或"为了通过某些考试或测试而研读"的活动联系在一起。其实学习不仅仅是指学校的应试教育，也不单是掌握某项学科知识的过程，而是指通过各种手段获取新知，并具备实践新行动的能力。对于大部分人来说，学校学到的知识，只是很小的一部分。

对于高职院校的学生来说，要想继续升学，提升自己的学历层次，学到更多的专业知识，"专升本"是一条不错的出路。"专升本"主要有以下三种途径：一是参加全国成人高考。全国各类成人高等学校举行的大学专科起点本科班招生考试，是一项检验考生是否具备大学专科的合格水平以及是否具有继续学习深造能力的水平考试。二是参加全国自学考试。凡教育部备案承认其学历的专科毕业生，经考生所在地自学考试办公室认定学历资格后，可以继续报考相同、相关及不相关专业的本科，以取得国家承认的本科学历。三是"专升本"考试。与自考、成人高考相区别，它是面向专科在校生或应届毕业生的。

2.自主学习观

狭义的自主学习是指学生在教师的科学指导下,通过能动的创造性学习活动,实现自主性发展。教师的科学指导是前提条件和主导,学生是教育的主体、学习的主体。学生能动的创造性的学习是教育教学活动的中心,是教育的基本方式和途径,实现自主性发展是教育教学活动的目的,是一切教育教学活动的本质要求。广义的自主学习是指人们通过多种手段和途径,进行有目的有选择的学习活动,从而实现自主性发展。有研究者认为自主学习就是学习主体主导自己的学习,它是在学习目标、过程及效果等诸方面进行自我设计、自我管理、自我调节、自我检测、自我评价和自我转化的主动建构过程。学习是学习主体对社会文化或群体的思想、观念以及解决问题的方法不断吸纳、内化的活动,具体表现为对一系列知识、观点、原理、定理或理论以及蕴含于其中的方法论的把握和应用,从而形成或锻造出学习主体自身的思维能力,使学习主体的学习状态从被动吸收变为主动地追求,而奠定心理与能力基础。这一过程的形成与主体自身的状况有着深刻的内在联系。

在现代学习社会,施教者包括学校、家庭和社会。对在校学习的学生来说,学校是学习的主要场所和主渠道,教师和校长是最主要的施教者。自主学习要求施教者应以学校教育为主阵地,同时辅之以必要而科学合理的家庭教育和社会教育,使学生通过自主学习,学会求知、学会做人、学会健体、学会审美、学会生活、学会交往、学会劳动、学会生存,具备与现代社会需要相适应的学习、生活、交往、生产以及不断促进自身发展的基本素质。目前,自主学习的目标主要有以下几点:一是愿学、乐学。调动并形成强烈的学习动机,增加学习的兴趣,使学生愿学和乐学,解决学生中存在的厌学、逃学的问题。二是会学、善学。要强化学法指导,使学生知道怎么样学习才能省时省力效果好。在新的形势下,使受教育者掌握多样化的学习技能和方法,改变盲目学习的状况,是实现学生自主发展的重要目标之一。自主学习教改实验要把学法研究和新的学习手段、学习技术的研究摆在重要位置。三是自醒、自励、自控。这些要求主要属于学生健康心理素质的发展目标。自主学习要求学生不仅要把学习内容作为认识的客体,而且要将自己作为认识的客体。要对自己做出客观正确的自我评价,从而对自己的行为进行自我激励、自我控制、自我调节,形成健康的心理品质,使自己的注意力、意志力和抗挫折能力不断提高。四是适应性、选择性、竞争性、合作性、参与性。要使学生学会适应,要主动适应,而不是被动适应;要适应生活,适应学习,适应环境。允许并鼓励学生根据自身的素质和兴趣发展自己的特长。允许学生有选择学习内容、学习方式、学习方法的权利,按照全面发展与特长发展的要求,对学生的偏科倾向进行科学引导,并鼓励学生发展自己的优势和特长。

　　"双证书"是指学历文凭和职业资格证书。中共中央《关于建立社会主义市场经济体制若干问题的决定》指出:"要制定各种职业的资格标准和录用标准,实行学历文凭和职业资格证书制度。"国务院《关于〈中国教育改革和发展纲要〉的实施意见》进一步明确:"大力开发各种形式的职业培训。认真实行先培训后就业,先培训后上岗的制度;使城乡新增劳动力上岗前都能受到必需的职业训练,在全社会实行学历文凭和职业资格证书并重的制度。"

　　目前,我国还未在所有行业实行就业准入制度。就业准入制度是指根据《劳动法》和《职业教育法》的有关规定,对从事技术复杂、通用性广、涉及国家财产、人民生命安全和消费者利益的职业(工种)的劳动者,必须经过培训并取得职业资格证书后,方可就业上岗的制度。现在要求持证上岗约 90 个职业,涉及衣、食、住、行各方面:有与现代科技发展相联系的,如电子计算机维修工、音响调音师、用户通讯终端维修员、计算机网络管理员、计算机程序设计员、多媒体作品制作员等;有随着现代生活发展而出现或兴旺的,如装饰维修工、室内装饰设计员、秘书、推销员、调酒师、物业管理员、心理咨询师、营养师、茶艺师、插花员等;有现代企业发展需要而出现的,如企业信息管理师、项目管理师、企业培训师等;还有传统的,如钳工、汽车驾驶员、美容师、摄影师等。

3.创造性学习观

　　创造性学习(creative learning)是 20 世纪 80 年代才出现的概念。在国际心理学界,创造性学习(creative learning)一词来自于创新学习(innovative learning)。事实上,它是时代发展与教育自身发展的应然,也是西方两种心理学理论(学习理论和创造性思维理论)发展的产物。20 世纪 50 年代,美国心理学家奥苏贝尔(D. P. Amusable)和布鲁纳(J. S. Bruner)分别提出接受学习和发现学习的建议。所谓接受学习,是指学习者将别人的经验变成自己经验的时候,所学习的内容是以某种定论或确定的形式通过传授者传授的,不需要自己任何方式的独立发现。发现学习的内涵是提倡学习者应学会自己发现问题和解决问题。它以培养学习者独立思考为目标,以基本教材为内容,使学习者通过发现的问题来进行学习。"创造性学习"是指人们不墨守成规,能够别出心裁地、不同凡俗地根据实际状况,利用最适合于自身的方法和手段进行创造性的掌握知识和经验以及解决问题的行为。

　　创造性学习共有五个特征。一是自主性。独立做出判断,批判性地反思这些判断的倾向,以及依据这些独立的、反思的判断将信念整合起来的倾向。二是探究性。不局限于现成的结论,而是多方面寻求答案或以不同的思路去思考问题、解决问题。三是个性化。学习是学生个体的行为,每个学生的心理活动和已有的知识经验,以及解决问题的方式均有很大差异。创造性学习尊重学生个性,反对统一要求,提倡学生在学习中充分发挥自己的个性和特长。尤其是对那些有自己独特的思维方式和解决问题的能力的人给予认可,鼓励他们不断地改进和创造性探索,让学习带来更大的效益。四是策略性。创造性学习需要根据学习对象的特征与学习者本身的需要、特点,来合理地选择、积极地寻找和发现适合学习者的学习方法。学生要利用一切可以利用的学习条件,根据学习的内容、目标和特点,灵活掌握学习方法,在学习过程中不断调节学习途径和手段,进而找到最佳学习方式和方法,并不断反思、反馈,最后形成较为系统的学习方法来提高学习效率。五是高效性。创造性学习比一般的、传统的学习更讲求效率。创造性学习要求学生不满足于课堂上的学习,而要善于利用一切机会,重新建构自己的知识结构和认知结构;要善于对已有知识进行概括,将知识系统化并以最快的速度、最高的效率为完成任务和解决问题做好准备。

(二)创建系统性学生学习成长环境

1.营造优良学习风气的重要意义

学风是学生学习态度和精神面貌的重要体现,优良的班风学风是形成良好学习氛围的前提和基础。学风与学生的科学文化素质和职业道德素养息息相关,学风建设不仅是学院发展的重要动力,也是学生提升素质、优质成才的有力保障。创建系统性学生学习成长环境,营造优良的学习风气,要围绕"培育具有更高的素质能力、更强的创新创造能力、更优的发展潜力的技能型专门人才"目标,深化优良学风创建活动,促进学院学风和人才培养工作的整体提升。通过广大师生共同努力,携手共创,所有学生争做优良学风的示范者、学风管理的执行者、学风提升的服务者,不仅规范自身,更要带动身边同学,共同推进学院优良学风建设。加强学风建设,积极营造浓厚的学习氛围和"你追我赶"的优良风气,以抓学生早晚自修、考风考纪、专业技能、职业素质、班团建设为核心,使同学们学会学习、勤于学习和善于学习,逐步形成班级管理长效机制。

2.营造优良学习风气的途径和措施

第一,深入开展学风调研。针对高职学生思想动态进行科学研判,制定相关问卷,深入进行学风状况调查,了解学风中存在的问题,便于针对性地开展工作。

第二,广泛开展学风建设宣传动员。召开学风提升专题会议,传达学院班级学风提升相关文件精神和系部班级学风提升活动方案,对各班学风建设提出严格要求。要求学生党员、学生干部、寝室长在学风提升活动中要担当骨干、积极带头,充分发挥先锋模范和桥梁纽带作用。要求各班级组织开展提升学风的主题班会,围绕系部班级学风提升活动方案,制定适合本班学风提升的方案,并布置落实,大力调动同学们的积极性与主动性,使学风提升从被动变为主动。系部将利用系网、班级群、微博、橱窗、黑板报等宣传手段向同学发放学风建设的相关资料与通知,充分利用班会、团日活动、各类竞赛等载体,调动各班学风建设的主动性,通过教育宣传使学生充分认识学风建设的重要意义。

第三,班主任、辅导员做好引导工作。要求各位班主任、辅导员积极配合教学工作,加强对学生学习过程的管理和监督。了解和掌握学生的学习情况,教育引导并激发学生学习的主观能动性,端正学习态度,明确学习目标,养成良好的学习习惯。

第四,发挥学生干部学风建设带头作用。学风建设首抓学生干部,进一步加强学生干部队伍建设,建立一支学风建设的骨干队伍。要求广大学生党员和学生干部积极发挥模范带头作用,充分体现共产党员的先进性,成为学风建设的排头兵。积极提倡学生干部发挥表率作用并带动身边的同学。同时,发挥学生组织的堡垒作用。充分发挥学生党团组织、学生班级的作用,以学风建设为中心,大力开展班风、宿舍风气建设,营造浓厚的学习风气。还要充分调动各社团组织的积极性,大力开展科技、文化活动,努力营造良好的学术氛围,活跃校园文化,促进学风建设。

第五,加强学风督导制度建设。由系党总支书记、辅导员、班主任进课堂、走寝室,班主任与任课老师进行充分交流互通信息形成合力,督查早晚自修纪律。系学生会纪检部负责每日早晚自修的点名工作,并每周向辅导员汇报出勤情况,每个月底统计当月出勤情况并及时在系部公布。其次,定期召开班级例会,通过班会对全体学生进行学风建设专题教育,针对不良现象对学生进行批评教育,同时对表现好的学生给予表扬通报,善于抓住典型,树立学生身边的榜样。

3. 创新学习指导工作载体

学习指导是科学,其意义在于求道,追求"什么是";学习指导是技术,其价值在于增效,解决"怎么做";学习指导是艺术,其生命在于创造,力求做得更好。学习指导是一个依靠师生良好互动的过程,需要不断创新指导方法,丰富活动载体,切实增强学习指导工作的吸引力和实效性。创新学习指导工作载体要系统规划学生在校三年 1000 天的时间,为学生成长成才提供广阔平台,精心设计学习指导的重要载体。按照高职学生各个阶段的发展需求,有针对性地引入一些寓教于乐的、形式多样的工作载体,进一步丰富载体内涵。

同时,努力做好"两个结合",即专业"硬技能"与"软能力"养成相结合,在坚持强调学科专业知识教育的基础上,既要注重学生专业"硬技能"的培养,还要注重培养学生的"软能力",如人际交往能力、解决问题能力、合作共事能力、创新创业能力、实践能力、终身学习能力等,在全院、各系、各班级努力营造优良学风,组织开展各类有助于学生学业进步、专业养成、优质就业、成功创业、职业发展、成就事业的项目和活动,提升学生的核心竞争力和可持续发展能力。坚持校内教育与校外实践相结合,在不断完善校内全员育人机制的基础上,要注重发挥行业教师在育人中的作用,鼓励学生深入开展暑期社会实践活动,提高学生主动适应社会的能力。

（三）实施全过程、全方位学习指导

1.高职学生始业教育

大学是学习文化知识,练就技能本领,奠定人生基础的重要时期。大学生活绝不是高中的简单延续,从中学到大学的过渡在某种程度上来说是一种从量变到质变的转化过程。大学的学习生活与中学存在很多不同,是绝大多数新生始料不及的。面临陌生的环境和由此产生的种种压力,许多新生在这个心理转型与重塑的过程中,都会产生不同程度的适应困难。我们通常把大学新生的这种状况称之为"第二次断乳期",同时这也是大学期间的第一个重要转折点,是对新生能否顺利适应大学生活的一次严峻考验。为了实现高职学生从中学生到大学生的平稳过渡,帮助他们尽快适应全新的大学学习生活,目前我国绝大多数高校都在新生入校之时开展一系列以熟悉和适应大学为主题的始业教育,旨在解决新生在大学初期对于环境、生活、学习的不适应问题,帮助新生尽快适应大学生活,明确今后的发展方向和奋斗目标,克服大学与高中学习差异所带来的适应困难,尽早完成从中学生到大学生的角色转换。始业教育的内容涉及大学学习生活的各个方面,主要包含以下内容:

第一,校史校情教育。以学院建院以来所取得的办学成就为主要内容,通过参观学院办学成果展,校训解读等形式,让新生全面了解学院的校史校情,激发起新同学对学院的认同感和归属感。

第二,理想信念与思想道德教育。结合新生的思想实际,引导学生树立科学的世界观、人生观、价值观,通过形势政策教育、国情教育等教育活动的开展,增强大学生的历史使命感、责任感。与此同时,各系对新生开展入党基本知识教育,引导新生熟悉了解学生党员的培养和发展程序,以党员的标准来要求自己,自觉用科学的理论武装自己,努力提高思想觉悟,以实际行动向党组织靠拢,争取早日加入党组织。

第三,角色转换与适应性教育。围绕新生所面临的角色转变而发生的生活方式、学习方式、交往方式等方面的变化,通过"新生训练营活动"、"学长指导计划"、"分享我的大学成长经历"等形式,帮助新生尽快适应大学的学习与生活;系领导、辅导员、班主任等深入学生班级、寝室掌握了解新生的学习生活状况,关注学生的思想动态,帮助他们尽快地度过适应期。

第四,校规校纪及文明礼仪教育。组织学生认真学习学院颁布的学生教育管理的各项规章制度,明确对学生的基本要求,以学风、考纪教育等为重点,通过多种教育管理手段使学生把这些外在的约束内化为自觉的行为,使自律与他律、内在约束与外在约束有机结合;教育学生养成良好的文明礼仪习惯,积极开展文明修身活动,使尊师重教、文明举止在校园里蔚然成风。

第五,专业思想教育。通过向新生介绍系(院)的基本情况,专业设置以及各专业的培养目标、课程设置、教学计划、学分管理规定、学科发展现状和前景;组织新生参观实验室、相关教学实验设施、师生的科研成果;公布历届毕业生就业情况,让新生熟悉了解所学专业的就业方向以及发展前景,强化专业学习的信心和动力,提高自主学习能力和自主科研能力,养成研究型学习习惯,促成专业素养的提高。

第六,法制安全教育。通过向新生介绍学院的周边环境,组织观看学院统一配发的有关交通、消防、治安、禁毒等方面的法制安全教育专题片,讲解突发事件的应急处理办法,开展以人身安全、财物安全、外出安全、生活安全为主要内容的安全教育,帮助树立较强的法制意识,提高防火、防盗、防骗、防意外伤害的能力。

第七,心理健康教育。通过开展新生心理普查和专题讲座等方式,对新生进行心理健康教育,帮助广大新生了解心理健康与成长、成才的关系,了解如何提高学习效率、如何建立和谐的人际关系、如何对待人生挫折,培养坚强的意志品格,了解什么是负面心理情绪,出现心理问题如何化解以及自助、互助途径等,引导新生以良好的心态面对崭新的学习和人际关系。

第八,学习方法与学业指导教育。通过"学长指导计划"、"分享我的大学成长经历"、"学习经验报告会"等形式,介绍大学教育与中学教育的区别、大学英语等级考试、职业资格考试等,加强对新生大学学习方法的指导。结合高年级优秀学生代表和学生骨干的力量,使新生了解大学学习的特点和规律,掌握新的学习方法,增强自主学习能力。

第九,职业生涯规划教育。结合大学生的专业特点和就业情况,采取专家、学者和成功人士的职业人生解读报告会、组织学生制定大学生涯规划等多种形式,帮助新生树立大学学习目标,让他们对今后的职业生涯进行初步的设计规划,为未来职业及人生定位做好必要的观念准备和知识能力准备。帮助新生正确进行自我认知与探索,确立奋斗目标和方向,制订学业规划和具体的个人职业生涯计划,为今后人生发展打下坚实基础。

2.高职学生职业生涯规划指导

对高职生来说,职业生涯规划能够帮助他们全方位地分析和了解自己,根据自己的特点和专业做出明确的职业发展定位,进而设立明确的职业发展目标。

3.高职学生就业与创业指导

对高职学生开展就业与创业指导具有十分重要的意义,这可以帮助他们认清就业形势,明确职业发展方向和路径,掌握求职技巧,了解创业知识,尽快实现从学生到社会职业人的角色转换。

鉴于高职学生职业生涯规划指导和就业与创业指导的重要性,本章将单列一个章节进行阐述,在此不展开论述。

(四)构建科学合理的学习评价机制

1.学习评价的内涵概念

"评价"一词,是教育研究中一个基础性的术语。在我国的文字中,"评价"是评定价值的简称。在英语中,"evaluate"(评价)这个词,在词源上的含义也是评估价值,是对客体满足主体需要程度的判断。广义的"学习评价"是指一切与评估学生学习有关的活动,不论这些活动有着什么样的目的或使用什么样的方法。而狭义的"学习评价"是指在系统收集学生课业学习情况的客观事实材料基础上的价值判断过程。它是教育评价、课程评价、教学评价、学生评价的重要组成部分,同时也具有相对独立性。

2.学习评价的主要模式

以核心价值为判断标准,学习评价可以划分为四种不同的模式(evaluation model),即目标模式、诊断模式、过程模式和主体模式。学业评价之所以划分为上述四种模式,是因为学业评价的实践中确实存在着四种相关的隐喻。它们分别是:学校如工厂(对应目标模式)、教室如诊所(对应诊断模式)、教学如旅行(对应过程模式)、校园如花园(对应主体模式)。四种学业评价模式,正是以上述隐喻作为认识基础与理论前提的。

第一,学习评价的目标模式。学习评价的目标模式将评价看作是学生学习的结果与预定教学目标相对照的过程。这是与人们对于学校教育的潜在认识即隐喻相联系的。20世纪初,弗莱德里克·泰勒开创性的工作掀起了一场科学化管理运动。在这场运动的影响下,人们非常自然地以效率作为评价学校一切工作的标准。它强调教学的效率化、标准化、模式化。在这样的学校系统中,学生是等待加工的产品,教师是负责产品质量检验的技师,教学系统就是一条生产流水线。因而学习评价的任务,就是将学生实际学习结果与预先设定目标进行比较,并以此作为对课程方案、教学过程以及学习质量进行评价的依据。目标取向的评价模式受"科技理性"的支配,其核心是追求对评价对象的有效控制。在这里,评价者是评价主体,被评价者是评价客体。它追求评价的科学性与客观化,以自然科学范式为理论基础,其基本方法是量化方法。

第二,学习评价的诊断模式。学习评价的诊断模式将学习评价看作是诊断与改进、教和学的过程。其隐喻是:教室如诊所(classrooms as clinics)。教师的工作就是为学生的学习查找"病因",然后"对症下药"。这样,学习评价的任务就是通过测验,查找教师的教学与学生学习中的困难与问题,然后将这些信息反馈给教师与学生,并在此基础上改善教师的教与学生的学。诊断模式受"工具理性"支配。它强调通过科学化、客观化的评价(主要是测验)来改善教与学,使用的是量化方法和科学范式。一直以来,学习评价的诊断模式对于诊断与改进教学发挥了重要作用,并仍将发挥作用。但它也有与目标模式相同的缺陷,那就是简单化、客体化,忽视人的主体性、创造性与不确定性。这是科学范式、量化方法不可克服的共同弊端。

第三,学习评价的过程模式。学习评价的过程模式,是将学生学习的全部过程纳入评价范围的学习评价范式。其隐喻是:教学如旅行(schooling as travel)。在此隐喻下,课程被看作是学生旅行的线路,教师既是有丰富经验的导游,也是学生旅游的伴侣。每一个旅行者对于旅行的感受都各不相同。在决定旅行者感受的各种影响中,既有旅行线路的因素,也有旅行者个人爱好、智力、兴趣、目的的因素。学习评价的过程模式同关注学习结果一样地关注学习过程。它"强调评价者与具体评价情境的交互作用,主张凡是具有教育价值的结果,不论是否与教育目标相符,都应受到评价的支持与肯定"。它受到"实践理性"的支配,强调学习过程本身的价值。它开始意识到评价是一种价值判断的过程。与前两种评价模式相比,过程模式对于学生在学习过程中的行为表现给予更多的关注,也对学生在学习过程中的主体性、创造性给予更多的尊重。

第四,学习评价的主体模式。学习评价的主体模式则将学业评价视为评价者与被评价者,具体来说,就是教师、学生、家长等共同构建意义的过程。主体模式的隐喻是:校园如花园(schools as garden)。如果校园是花园,那么教师就是园丁,学生就是园中的花朵。园丁的工作就是给它们浇水、施肥、修枝整叶,为它们的正常生长提供合适的阳光、水分、养料与土壤。主体模式认为,评价是一种价值判断的过程,但强调价值的多元性。在评价的实施过程中,评价者与被评价者都是具有平等地位的评价主体。主体模式受"解放理性"的支配,它提倡对评价情境的理解而不是控制,它以人的自由与解放作为评价的关系,评价过程是一种民主参与、共同协商和平等交往的过程。所以,主体模式强调使用自我参照、自我接受式的评价方式。

3.学习评价的原则与方法

第一,评价思想的科学化。所谓评价思想的科学化,就是要求学习评价体现素质教育的价值取向,遵循教育的客观规律。科学的评价思想至少包含以下方面：一是符合课程标准要求。课程标准是国家对学生各科学习的一般要求，经过多年的修改和调整，基本符合各年级学生的心理发展特点，体现着教育教学规律。二是激励思想。学习评价的一个基本出发点就是激励，即通过评价最大限度地调动学生学习的积极性。三是系统观念。学习评价是一个系统工程，就评价自身看，要立足于整体，使评价有助于学生学习，有利于学生的成长和发展。

第二，评价内容的多元化。多元化的学习评价指标着眼于学生素质的全面发展。学生的学习效果主要表现在三个方面：一是学习的结果或成绩，即认知效果；二是学习中非智力因素，即态度、情感、价值观、兴趣、志向等的发展程度；三是学生以何种方式进行学习，即学习的方法和过程。为此，教师应当对每一位学生的素质进行全面分析，即从情感指标、方法指标、认知指标等多个方面进行评价，且要把情感指标放在学习效果评价的首位，重点考查学生学习积极性和求知欲及其在学习过程中的态度、情感和价值观。

第三，评价目标的层次性。学习效果评价作为现代教育评价的一种形式，要站在促进学生发展的高度，针对学生的实际学习情况制定不同层次的目标。一方面，学生的个体差异和发展的不同需求决定了学习目标的可变性、动态性；另一方面，动态性的学习目标更有助于激发学生的学习动机和学习兴趣。基于这一理念，我们应当制订一系列措施，把评价和分层激励、促进学生发展结合起来，使不同层次的学生都有获得成功、赢得自信的机会。

第四，评价过程的教育性。教育者要充分认识到，评价学生学习效果既是目的，更是一种教育手段。教师要善于通过评价去认识学生的学习过程和学习结果，把评价与指导学生学习结合起来；利用自我评价让学生理解自己在学习方面的表现，学会客观分析影响自己学习效果的因素，不断完善自己；利用相互评价让学生看到其他同学的学习态度和学习行为，看到别人的优点和长处。实践证明，这不仅能帮助学生相互学习，加强合作与交流，实现整体素质的提高，而且能促进学生的自我反思，增强民主平等意识，有利于师生的相互交往、相互尊重，形成宽松的学习氛围。

4.学习评价的方法

第一，诊断性评价，查明学习中的问题和原因。教师要教好，学生要对自己的学习实施控制，就必须在教学过程中不断进行诊断，查明学习中的情况和问题，以便采用适当的方法给予解决。诊断性评价主要在教学开始时进行并贯彻于教学全过程。进行诊断的内容通常包括：对学习某门课程的认识有无需求和兴趣及其原因；原有的知识储备情况是否适应新知识的学习，等等。诊断性评价不仅使教师可以了解授课对象的情况，增强备课的针对性，还可以因人而异地对学生进行指导。诊断性评价作为学生信息的来源，可以使学生在学习前就对学习某门课或某堂课的基础情况做到心中有数,以便从自己的实际出发,制订切实可行的学习计划,采取相适应的学习对策,使学习过程一开始就处于有目的、有计划的自我控制之下。

第二,形成性评价,及时反馈教学中的情况。形成性评价是在学习过程中进行的评价,目的是改进这一过程,使其顺利进行并取得最大效益。它的基本思想就是采取频繁的反馈,针对学生的需要,调整教学,矫正学生学习中带有普遍性的问题,或针对每个学生的需要,因人而异地进行帮助和矫正。形成性评价可结合提问、讨论、实验、作业等方式进行,也可采取必要的测试,教师应对评价结果做出分析。形成性评价是学生实施自我控制的主要环节,它可以向学生提供有意义的信息,对学习目标、方法等及时进行调整和矫正;也可以对已达到掌握程度的学生起到激励和强化的作用,使他们在学习中表现出更强烈的信心,更浓厚的兴趣;从而达到促进学生的学习进步,促进学生抓紧时间学习的目的。

第三,终结性评价,鼓励学生积极学习。终结性评价是在一门课程结束后进行的,主要针对总的教学效果,它关心的是教学目标达成与否。终结性评价作为一种全面性评价,在教学过程中具有独特的功能,它可以评定学生的学习成绩,对技能和能力的提高做出证明。终结性评价对学生来讲是一个学习过程自我控制的终点,也是下一个学习过程的起点。终结性评价做得好了,就可以实现自我控制的良好循环,促进自我控制能力的提高。

第四节　高职院校学生职业生涯规划与就业指导

2007 年 12 月,教育部下发了《教育部办公厅关于印发〈大学生职业发展与就业指导课程教学要求〉的通知》。通知要求:"各地主管部门要做出明确安排和部署,高校要切实把就业指导课程建设纳入人才培养工作,列入就业'一把手'工程,做好相关工作。要将就业指导课程建设和效果列入就业工作评估范围。""从 2008 年起提倡所有普通高校开设职业发展与就业指导课程,并作为公共课纳入教学计划,贯穿学生从入学到毕业的整个培养过程。现阶段作为高校必修课或选修课开设,经过 3～5 年的完善后全部过渡到必修课。"课程可以采取三种组合方式,每种方式的课程内容由学校结合实际进行组合。"第一种方式为开设一门课程,覆盖整个大学过程;第二种方式为开设两门课程,分别是'职业生涯与发展规划'与'就业指导';第三种方式为开设三门课程,课程名称为'职业生涯与发展规划'、'职业素养提升'和'就业指导'。"文件说明了高校学生职业生涯规划与就业指导的重要性以及如何开展此项工作。对于以就业为导向的高职院校而言,加强学生的职业生涯规划与就业指导尤为必要。

一、高职院校学生职业生涯规划指导

职业生涯规划指一个人结合自身条件和现实环境的各种因素,确立自己的职业目标,选择职业发展道路,制订相应的学习、培训和工作计划,并按照生涯发展的阶段实现具体行动以达到目标的过程。对高职生来说,职业生涯规划能够帮助他们全方位地分析和了解自己,根据自己的特点和专业做出明确的职业发展定位,进而设立明确的职业发展目标。与普通本科教育相比,职业教育的中心目标是培养高素质高技能的一线应用型人才,其侧重于学生职业意识的培养、职业技能的培训和职业素养的提升。除此之外,高职院校的学制一般为三年,学生在校时间较短,要求职业生涯规划教育要相应地前移,要做好以下几项主要工作:

(一)帮助高职学生准确评估自我,进行职业定位,明确职业目标

这一阶段的重点是帮助他们理解职业生涯规划对个人的重要意义,树立职业生涯规划的意识,了解自我的优势与不足,帮助学生建立对未来就业的信心,掌握职业生涯规划的设计方法,借助一些测评工具来帮助学生了解自我的职业性格、职业兴趣、气质类型、能力、价值观等,并且还可以利用 SWOT 分析、橱窗分析法、职业家族树等学生容易理解和掌握的方法,帮助他们从多层次、多角度地加深对自我的了解,发掘自己的优势,了解自己的不足,以便在将来选择职业发展路径时可以扬长避短。要让学生了解各种职业对任职者知识、技能、职业道德、行为规范的基本要求,了解职业的现状和发展前景,如人力资源需求、平均工资状况等。不同的职业岗位具有不同的岗位特性,对求职者的能力素质有不同的要求。综合多方面的因素和要求,从而寻找与学生实际情况相适应的职业。高职院校应该从学生进校门开始就加强专业教育,逐步培养职业理想,最终确立适合自身发展的职业目标。

(二)明确大学三年职业生涯规划的阶段奋斗目标

一年级为适应、探索阶段,主要是适应大学生活和确定发展目标。在这个阶段,学生要初步了解大学、了解所学专业和职业发展方向,初步确定奋斗目标。通过积极参加学校活动,增加交流技巧,锻炼自身能力;认真学习英语、计算机知识,争取尽早通过等级考试;善于利用学生手册,了解相关规定;参加各类学术讲座、学生会和社团活动,丰富知识、拓展视野;积极参加社会实践活动,提高自己的实践能力和抗挫能力。二年级为拼搏阶段,主要是职业适应、落实职业规划,通过具体的职业性格测试,深化对自我的认识,认真评估自己的学习目标,进一

步加深对职业的思考。要努力提高求职技能、锻炼自己独立解决问题的能力;多参加和专业有关的社会实践工作,与同学交流求职的心得体会,学习写简历、求职信,了解搜集工作信息的渠道并积极尝试。三年级为冲刺阶段,工作和继续深造是大三学生面临的两种选择,大部分学生的目标应该锁定在工作申请及成功就业上。首先,要写好个人简历材料,特别是要写好在前几年积累的各种获奖情况和实践经历;其次,要积极利用学校提供的条件和资源,了解就业指导中心提供的用人公司信息,强化求职技巧,进行模拟面试等训练,尽可能地做到在充分准备的情况下参与招聘活动;再次,要积极参加招聘活动,在实战中检验自己的积累和准备。

(三)构建合理的知识结构

知识的积累是成才的基础和必要条件,但它不是衡量人才的绝对标准。由于高职学生在择业、就业上很难做到"从一而终",往往需要经历一次甚至多次职业岗位的变动,要适应这种变化,必须构建合理的知识结构。在进行职业生涯规划时,高职学生要能够根据职业和社会不断发展的具体要求,将已有知识科学地重组,建构合理的知识结构,最大限度地发挥知识的整体效能。合理的知识结构包括宽厚扎实的基础知识,较强的专业知识和广博的综合知识。

(四)根据变化不断调整自己的职业生涯规划

影响高职学生职业生涯规划的因素有很多,有的变化因素是可以预测的,而有的则难以预测。要使职业生涯规划切实可行,就应不断地对职业生涯规划进行评估、修正,以适应环境的改变。成功的职业生涯规划需要时时审视内外环境的变化,调整自己的前进步伐。同时,在职业生涯规划的实施中,高职学生还要根据实际情况的变化,适当对职业生涯规划进行调整,使之不断符合实际需要。

在开展高职学生职业生涯规划时,除了要注意以上几个方面的问题外,还应注意培养良好的道德修养和健康的心理素质,如正确对待择业挫折的心理素质和敢于竞争、善于竞争的心理素质等。

二、高职院校学生就业与创业指导

就业情况是考查高职院校办学质量的重要指标。高职院校的人才培养目的就是为社会输送与行业紧密结合的适用性人才,毕业时有一技之长也是学生到职业院校的最终学习目的。"高职院校就业指导是帮助大学生在深入认识自我和充分了解职业的基础上,挖掘内心的职业需要,进行正确择业的过程。高职院校大学生就业是学校的重要工作之一。"①对高职学生开展就业与创业指导具有十分重要的意义,可以帮助他们认清就业形势,明确职业发展方向和路径,掌握求职技巧,了解创业知识,尽快实现从学生到社会职业人的角色转换。

(一)认清就业环境　把握就业形势

自 1999 年高校扩招以来,我国的高等教育出现了重大转型,已经由"精英教育"迈入"大众化教育"时代。大学扩招,在给更多的适龄青年提供高等教育机会的同时,也为大学毕业生的就业带来了新的压力和挑战。据政府工作报告公布的数字显示:中国 2014 年将有 727 万高校应届毕业生,再加上往届没有实现就业的,目前需要解决就业的毕业生总量将超过 1000 万,在 2014 年涌入就业市场的大学毕业生人数将达到千万人,大学生就业形势非常严峻。为了促进大学生就业,国家出台了一些就业政策,尤其是 2008 年全球金融危机以来,国家和各级地方政府相继出台了一系列促进大学生就业及扶持大学生创业的政策措施,从而为大学生就业营造了更为宽松和有利的政策环境。2008 年 2 月 3 日,《国务院关于做好促进就业工作的通知》(国发〔2008〕5 号)中提出要积极做好高校毕业生就业工作。把高校毕业生就业纳入就业工作总体部署中,明确目标,落实责任,健全工作体制,进一步加强对高校毕业生的公共就业服务,广泛开展技能培训和就业实习,提高高校毕业生的实践能力和就业能力,引导高校毕业生面向基层就业和创业。

(二)高职学生就业指导的主要内容

学校就业指导是保障毕业生顺利就业,实现职业教育服务经济发展功能的有效途径。在就业指导工作方面应注重如下几个方面的指导:

1.就业政策的指导

这是开展指导工作的基础,要向学生宣传政府有关的政策和法规,就业相关制度。学校根据有关政策所制定的具体操作办法,使学生充分了解有关的政策和制度,创造就业的良好环境,行使自己的权利和义务,按规定的程序办理好就业手续。

2.就业形势指导

指导学生全面了解社会的需求信息,对当前就业形势做出正确判断和筛选,及时反馈合理的信息;同时掌握毕业生的情况,了解毕业生择业的期望。

3.就业观念的指导

指导学生转变过去陈旧的观念,树立新型的人才观念、市场观,鼓励学生自

---

① 陈洁.高职院校就业指导现状分析与对策[J].教育与职业,2012(17):78.

求职业、自求发展、自求创业，积极到条件艰苦的地区工作。树立正确的就业观念包括以下几点：

第一，树立先就业再择业的就业观念。在就业形势严峻的大背景下，获得就业是将来职业发展的基本前提。大学毕业生只有转变观念，才能真正改变"就业难"的局面。首先要客观认识就业形势，找准定位，理性调整期望值。要用长远的眼光看待就业，树立"先就业求生存，后择业谋发展"的思想，不要过分要求专业对口。学生要客观评价自己，低姿态求职择业，学会从最基层做起，适当地放低薪酬要求。在城市类型的选择上，大城市固然机会很多，但变动也更大，相比而言，一些有潜力的中小城市也许有更好、更稳定的就业机会。其次，应解放思想，转变陈旧的就业观念，增强自强自立的意识，强化艰苦奋斗的精神，正视现实，积极参与新形势下的多元化就业。在就业环境不是很理想的条件下，大学毕业生可先选择到中小企业就业，还可以从事灵活就业，包括临时就业、非全日制就业等。

第二，树立回报社会、服务大众的就业观念。毕业生择业应以社会的需要为前提，将个人发展与国家的需要紧密结合，以自己的才能回报社会，服务大众。人生理想从低到高有三个层次：生活理想—职业理想—社会理想，社会是个人和职业的外部环境，社会发展决定了毕业生个人才能的发挥和贡献的大小。

第三，树立正确认识自我、准确定位的就业观念。毕业生择业时，应通过对自己的全面分析，正确评价和判断自己属于哪种职业个性，处于怎样的能力层次，再给自己正确定位。定位过高会出现好高骛远的偏向，用人单位不会录用；定位过低则会造成降格使用，自身才能得不到充分的发挥。正确认识自我，准确定位，可以使毕业生找到更加理想的职业。

第四，树立敢于竞争、艰苦创业的就业观念。我国是发展中国家，虽然改革开放以来社会主义经济建设取得了显著成绩，但由于底子薄、人口多，国民经济在总体上还远远落后于发达国家。这就决定了毕业生应将个人利益与国家利益紧密结合，继续保持和发扬艰苦奋斗的优良传统，做好吃苦耐劳的准备，树立爱岗敬业、艰苦创业的职业观念，根据社会需要发挥自己最大的光和热。

第五，树立勇于开拓、不受专业束缚的就业观念。当前，大多数用人单位招聘人才的主要标准是看应聘者个人能力和综合素质的高低、发展潜力的大小。毕业生专业是否对口，已不是他们选择人才最重要的标准。毕业生过于强调专业对口，则难以找到适合的职业。因此，毕业生在求职时，应勇于开拓，着眼于职业发展的前景，及时调整自己的择业方向，而不必拘泥于专业是否对口。

4. 就业心理指导

指导学生排除自卑、怯懦，解除困惑和焦虑，树立信心，勇往直前；对期望值较高的学生,要降低其心理标准,切合实际不攀比,降低期望值脚踏实地,回到实际中,使其具备正确的就业心理。

5.择业技巧的指导

求职择业是一种方法和艺术,学生的综合素质是硬件,择业技巧是软件,软件开发利用合理,硬件则更能发挥功效。

6.社会适应的指导

高职学生所处人生阶段具有的特点是:从半自觉的学习到自主学习;生活开始自理,自主地进行人际交往;面对众多的优秀同学,每个学生都有平庸化的压力;职业生涯迫在眉睫,即将面对就业竞争;对社会了解不足,缺乏竞争的实力和自信。根据以上特点,指导学生建立良好的人际关系,提高适应环境的能力,及早适应角色的转变。

7.提升就业能力的指导

对于大学生职业发展而言,学生自己唯一可控的就是自己的就业能力。就业能力是指获得与保持工作的能力。对个人而言,就业能力包括专业能力与市场能力两个部分。在专业能力方面,以敬业精神、职业道德和职业操守为代表的态度是关键,以解决问题的能力为代表的知识技能是专业能力的基石。在市场能力方面,为寻找更好的职业发展机会,大学生必须要了解当前的劳动力市场,特别是大学生劳动力市场的总体供求数量信息和结构信息,要了解职位具体的职责要求,要了解自己的就业能力水平,同时还必须改进自己的展示能力。所谓展示能力,最核心的问题就是大学生如何把自身的各种资本、能力的信息传递给市场,让市场明白自己的价值;如何把自己所拥有的专业能力通过自己的语言或者测试的方式表达给市场。

8.积极开展创业教育

"创业教育可以缓解高职的就业压力,同时有助于提高社会的就业率。创业教育是当前高等教育的一项重要内容,也是实现高职可持续发展的必然选择。"[①]应从以下几个方面积极开展高职学生的创业教育:

第一,加强学生创业意识教育。受传统观念影响,多数高职学生愿意到机关、企事业单位工作,认为这些工作单位工作稳定、收入高、风险小。这种传统观念淡化了高职学生的创业意识,影响了部分具有创业能力学生的能力发挥。从小处而言,是影响了部分高职学生的就业问题,从大处而言,是减少了整个社会

---

① 何淑贞,徐玉成.高职创业教育存在的问题及对策[J].教育与探索,2013(1):148.

的就业岗位,影响了社会财富的创造。各高职院校应更新理念,将创业教育纳入教学体系中。

第二,注重加强师资队伍建设。开展创业教育,关键是要有一批合格的专职创业指导教师和完善的创业校外指导教师制度。他们可以结合学生的个性品质进行因材施教的指导,可以完善课程体系、改进教学方法、丰富教学内容、完善课程结构,可以结合学生的专业和企业的需求开展有的放矢的辅导。

第三,面向全体学生开展创业教育。不是每一个人都具备创业的能力和勇气的,但是每一个人都应具备创业意识,接受创业教育。这样在条件和机会成熟时,便会有一部分适合创业的人积极开展创业活动,还会有更多的人发挥自己在创业教育中所培养的责任心、自我管理能力以及自己的创业精神与风险意识来推动企事业单位的发展。

第四,积极开展创业实践活动。创业能力的培养重在实践。高职院校应有目的、有计划地营造校园创业氛围,组织学生参加各种校内外创业实践活动,注重提高学生运用所掌握的理论知识来分析和解决创业实践中产生的问题的能力,使学生在创业实践中磨炼创业意志、培养创业能力、训练创业技能。

第五节　基于生活指导视角下的大学生文明寝室建设研究

学生寝室是大学生的"第一社会"、"第二家庭"、"第三课堂",对其世界观、人生观、价值观的形成和个性心理品质的发展都有重要的影响。大学生文明寝室创建活动是新时期高校一项重要的任务。进入 21 世纪以来,伴随高校学分制和后勤社会化的改革进程,在校大学生的学习、生活、组织活动等方面发生显著变化,这也为高校的学生党建工作和学生思想政治工作带来了巨大的挑战。学生公寓已经成为大学生学习、生活、思想交流、组织活动等重要的场所和学生思想政治教育工作的重要阵地。开展大学生文明寝室建设研究,是提升学生公寓管理水平,构建和谐校园的重要举措之一。

一、大学生文明寝室创建中存在的问题

(一)大学生寝室存在卫生脏、乱、差,居住环境不整洁的现象

环境对于人的成长至关重要。优美整洁的寝室对于增强学生的集体意识、提高学生的文化修养,形成健康、积极向上的生活方式有着重要的影响。然而,目前高校学生寝室的环境状况不容乐观,凤凰网发起了一项有 51245 名网民参

与的网上调查,其中的一个问题是:你如何评价自己经历的高校宿舍卫生状况?回答"很好,干净整洁"的,占 21.12%;"很糟,又脏又乱"的,占 48.01%;"看得过去"的,占 26.29%;"不好说"的,占 4.58%。调查中一半的学生寝室环境不达标,长久生活在较差的环境中不利于养成文明整洁的生活方式。

(二)大学生寝室内人际关系紧张,人际沟通不畅

学生公寓作为学生休息之地、生活之处、成长之所,将陪伴学生度过整个大学生涯。"西南大学学生通讯社调研部随机对 300 名在校大学生进行了调查。在受访者中,仅有 12% 的同学对自己的寝室关系表示很满意,28% 的同学表示比较满意。近四成的同学认为自己的寝室关系不够融洽,近七成的女生对自己寝室的人际关系不太满意,甚至还有 16% 的同学认为自己的寝室关系有点紧张或者很紧张。"①目前高校学生以"90 后"为主,"90 后"学生崇尚自由、民主、平等,标榜个性独立,他们如何适应大学寝室生活以及如何正确处理好寝室内的人际关系是文明寝室建设中的重要问题,当然,寝室内的人际关系的处理势必会关系到学生寝室的和谐。

(三)大学生寝室建设工作偏重管理,忽视育人和服务功能

由于历史和社会原因,我国高校学生工作中过分重视管理的功能,忽视育人和服务功能。部分高校未能充分意识到学生公寓在学校校园管理与育人工作中的重要性,他们虽重视学生公寓的管理,却忽视学生公寓建设在校园文化建设中的重要地位。部分高校学生公寓管理职能单独划分在后勤部门或者委培校外公司管理,这种局面容易导致大学生寝室建设工作与学校的整体工作相脱节,造成高校其他部门忽视学生寝室工作。

(四)大学生寝室建设机制不健全,规章制度不完善

大学生寝室建设机制不健全,部分高校缺乏对学生寝室工作的全面深入了解,规章制度不完善、形式化。同时还存在相关规章制度的执行不到位,缺乏对规章制度执行情况的有效监督机制。部分高校重视对学生的管理,但是忽视对宿舍管理人员专业素质的培养,部分宿管员以及公寓辅导员与学生交流时间少,缺乏对学生思想与行为的引导。由于未理顺学生宿舍管理机制,管理责任落实不到位,监督考核制度不完善,导致学生寝室问题多发,严重制约文明寝室创建活动的有效开展。

---

① "调查称近四成受访大学生认为寝室关系不融洽"[DB/OL]. http://news.tzinfo.net/Detail.aspx? id=33872,2014-5-18.

二、大学生文明寝室建设的必要性和重要意义

大学生文明寝室建设工作既有利于解决当前高校宿舍管理中存在的问题，也有利于高校人才培养工作；既有助于改善学生居住环境，营造良好的文化氛围，也有利于高校整体和谐发展。这项工作的必要性和重要性表现在以下几个方面：

（一）创建文明寝室有助于改善学生精神面貌，提升学生素质，促进学生身心健康发展

学生公寓是大学生在校期间生活、学习的主要场所。以自主活动为主要特征，以寝室为主要活动场所的公寓生活，是学生学习生涯的重要组成部分，对其世界观、人生观、价值观的形成和个性心理品质的发展都有重要的影响。不拘细谨难成大事，不着小节怎成伟业？正如时任浙江省省长夏宝龙所说"一个脏乱差的寝室环境很难培养出高品位的学生来"，寝室卫生是塑造学生人格修养的重要一课，对于社会人而言，环境对人的影响是全方位的。而在诸多校园环境因素中，寝室环境对学生的影响可能更为直接具体。一个整洁的寝室，不仅有助于让学生拥有一个良好的休息、学习、交友空间，更有助于培养学生良好的行为操守和品格，有助于改善学生的精神面貌，提升学生素质，促进学生身心健康发展。

（二）创建文明寝室有助于加强和改进大学生思想政治教育工作，为高校育人工作开辟新阵地

教育部《关于进一步加强高校学生公寓管理的若干意见》中指出"学生公寓是学生日常生活和学习的重要场所，是课堂之外对学生进行高校思想政治工作和素质教育的重要阵地"[1]，此外，中共中央国务院《关于进一步加强和改进大学生思想政治教育的意见》中也指出"要高度重视大学生生活社区、学生公寓、网络虚拟群体等新型大学生组织的思想政治教育工作，选拔大学生骨干参与学生公寓、网络的教育管理，发挥大学生自身的积极性和主动性，增强教育效果"[2]。文明寝室创建活动为高校学生思想政治教育工作开辟了新的阵地，寝室是大学生生活、学习的主要场所。加强和改进大学生思想政治教育需要坚持"政治理论教育与社会实践相结合"，坚持"解决思想问题和解决实际问题相结合"，而大学生文明寝室建设工作则是加强和改进大学生思想政治教育，实现以上两个结合的

---

[1]   "教育部关于进一步加强高等学校学生公寓管理的若干意见"[DB/OL]. http://www.gov.cn/gongbao/content/2003/content_62548.htm,2014-5-18.

[2]   "关于进一步加强和改进大学生思想政治教育的意见"[DB/OL]. http://baike.baidu.com/view/4587127.htm,2014-5-18.

最佳途径与载体。

（三）创建文明寝室有助于贯彻和落实科学发展观,体现以生为本的育人理念

学生是文明寝室创建活动中的主体,也是实践者与直接受益者,创建文明寝室与学生密切相关。以生为本的工作理念就是要关心、关爱学生,尊重学生,满足学生的精神和物质需要,解决学生在生活、学习中的困惑,一切工作以促进大学生的成长、成才为出发点。同时,创建文明寝室工作有助于高校贯彻和落实科学发展观,努力办好人民满意的高等教育。

三、生活指导的理论基础及内涵

本书的研究视角是基于生活指导,从生活指导视角研究大学生寝室文明建设,生活指导视角具有独特的内涵以及区别于以往研究大学生文明寝室的相关研究视角。

（一）基于生活指导的文明寝室创建的必要性

1. 大学生学习生活中存在的问题

当代大学生的成长状况总体是好的,是健康的。但在某些局部也不同程度地出现了一些问题,比如,部分学生的人生观、价值观错位;部分学生不重视文明素质的养成,少数学生甚至不懂得做人的基本道理,社会公德失范;部分学生单纯追求知识学习,忽视了社会能力的培养与提升,社会适应能力偏弱,等等。生活指导需要及时关注和帮助学生解决成长中遇到的困惑。

2. 开展大学生文明寝室建设是学生工作的应有之意

现代高校的学生工作由思想政治教育和学生事务管理两部分组成。思想政治教育,包含学生思想教育、党团教育、道德教育、法制教育等,重点关注主流价值观、道德观、民族文化、多元文化等对大学生成长的影响。学生事务管理,对学生非学术性活动和课外活动的组织指导和管理,涉及学生社团、各种课外活动、文体活动、经费资助、学生心理卫生、纪律和法律、健康医疗、就业指导和学术支持等多个领域。开展大学生文明寝室建设是学生工作的应有之意。

3. 学生工作阵地的转移趋势

许多高校建立"住宿书院"、"住宿学院"、"社区学院"等,尽管称谓五花八门,但这种以宿舍为载体的教育改革正以一种密集姿态闯入人们的视野,向我们宣示着,多年不变的"一栋楼一个管理员"、"一间宿舍同一个专业"、"宿舍只用来睡觉"的住宿管理模式正在一些大学里成为过去。住宿学院制在西方已有800多年的历史,为牛津、剑桥、哈佛、耶鲁等诸多世界一流大学所采用。学生公寓不仅

仅是学生居住场所,更是高校教育新阵地。因此,需要高校研究新形势下文明寝室创建中不断出现的问题,基于生活指导视角解决存在的问题,做好学生工作阵地的转移工作。

(二)生活指导的概念、方法及主要内容

1.生活指导的概念及目标

生活指导是指高校教育工作者根据教育培养目标的要求,针对高校学生在学习、生活中出现的心理问题、生活问题、学习问题、社会交往问题和青春期成长问题等,在遵循大学生成长、成才和身心发展规律的基础上由高校行政管理部门制定系统的方案,完善文明寝室规章制度,健全学生成长、成才机制,由具有相关经验的教育工作者和教师等人员给予学生帮助和指导,努力帮助学生克服高校学习、生活中遇到的困难,使其养成良好的生活习惯、健康向上的生活方式。生活指导坚持"育人、引导、服务"三位一体的理念,坚持思想政治教育与学生事务管理工作相结合,坚持从学生生活出发、开展育人工作。

生活指导的总目标是由党的教育方针和德育工作目标确定的。生活指导的具体目标应该贴近生活,因为生活指导关注的就是学生的日常生活。因此,生活指导应从学生的生活实际出发,围绕成长中的我、我与他人、我与集体、我与社会等关系,选择与学生的身心发展水平相适应的、具有时代精神与生活气息的目标,应该定位在多数学生能够接受的水平上。生活指导的目标贴近学生的生活,生活指导的内容紧密联系学生的生活,生活指导过程与大学生文明寝室创建过程融为一体,不可分割,通过生活指导视角下的文明寝室创建活动来改善学生公寓生活。

2.生活指导的主要方法

第一,显性课堂教育。"与其不断重构知识以接近个体的生活经验,不如以叙事的方式直接让个体澄清自己的生活经历,并由此引导个体在认识自我的基础上赋予生活以意义。"让学生讲述自己亲历的道德故事、生活困惑、经历的难题,可以让快乐、爱心、勇敢、善良、宽容、正义等人类持久不变的美好德行在道德叙事中得到张扬、深化、升华。通过学校的课堂教育方法让学生直接获得知识。

第二,隐性生活指导。主要是提倡学生在校园文化和校园生活中无意地获得经验,强调体验代替说教。因此,我们可以开展丰富多彩的校园文化活动,寓指导于各种校园文化活动中,如各种有益的文体活动、学术活动、社团活动、名师讲座、心理辅导、形势与政策教育、公益劳动等,使大学生在参与中受到潜移默化的影响。隐性生活指导的实质是让学生在自我管理、自我服务、自我教育中获得生活经验和正确的生活态度。

第三,朋辈教育的示范。充分发挥高年级学生的作用,利用朋辈指导,弥补教师指导的不足。朋辈教育是高职院校教育实践的重要手段之一,有目的、有计划地组织高年级学生与低年级学生间相互传授学习、生活和工作方面的经验,及时进行思想、心理的沟通与交流。生活指导中的朋辈教育是充分利用身边事教育身边人,学生身边的事更具有说服力和感染力,对于大学生文明寝室创建有重要的意义。

第四,利用网络教育优势。网上指导能够克服学生的羞怯心理,拉近与指导人员的距离。网络既是学习、娱乐的重要工具,同时也是学生工作开展的重要方法之一,"90后"大学生热衷于网络,因此,需要发挥生活指导中网络教育的优势,及时、便捷地开展文明寝室创建工作。

第五,搭建学校指导与家庭指导教育的平台。家庭教育是一种值得充分利用的教育资源,是学校思想政治教育的有效辅助手段。我们应搭建学校教育和家庭教育的平台,开设家长热线,开展班主任电话家访等形式,及时沟通学生情况,充分发挥家庭教育在大学生成长中的重要作用。

第六,面对面对话。对话要充分关注学生对生活中所发生事件的分析和探讨,重视对学生道德体验适时、适当的引导。只有通过对话与交流,我们才能了解他人的需求,以提供更好的建议并达成共识,这种面对面的交流方式也有助于克服团体辅导中学生恐惧、效果不佳的缺点。

3. 生活指导的主要内容

生活指导主要关注并指导大学生的学习生活;关注并指导大学生的消费观;关注并指导大学生的责任意识;关注并指导大学生的人际交往;关注并指导大学生对生命的尊重;关注并指导大学生对环境的敬畏。

(三)生活指导的内涵解析

1. 生活指导源于学生的生活

每一所高校都有自身的特点。大学生文明寝室建设一定要立足于高校的实际情况,结合高校学生的特点进行,它不能够脱离学生的现实生活。大学生文明寝室建设的立足点和出发点是从学生的生活实际出发,解决学生在学习、生活中遇到的困惑,帮助学生克服困难,扫清影响学生成长的阻碍。生活指导的现实基础来源于学生的真实生活,直面学生寝室生活中的问题。

2. 生活指导存在于学生的生活之中

基于生活指导视角的大学生文明寝室建设自始至终融入学生的生活之中,例如军训中的文明寝室卫生习惯养成,以及毕业生文明离校,把整洁干净的寝室留给学弟学妹的教育活动等。应在每一学年的不同阶段结合学生的学习、生活进行指导,并贯穿学生生活各个方面。生活指导不是虚构的,不是空洞的理论说教,它既有深厚的理论基础,又有广阔的实践场所,生活指导是全方位的、长期性的,它伴随着学生的三年学校时光。只有把生活指导融入学生的生活之中,才能及时发现问题,更能够保证生活指导的实效性。

3. 生活指导为了学生的生活

生活指导要贴近实际、贴近生活、贴近学生,基于生活指导视角的大学生文明寝室建设着力建设"寝室卫生环境整洁、寝室文化氛围浓郁、寝室服务体系健全、寝室管理职责明晰"的新型学生公寓,努力培养学生良好的品格,帮助大学生树立正确的世界观、人生观、价值观。赵汀阳对可能生活的界定是"可能生活可以定义为每个人所意愿去实现的生活。人的每一种能力都意味着一种可能生活。尽可能去实现各种可能生活就是人的目的论的行动原则,就是目的论意义上的道德原则,这是幸福生活的一个最基本条件。"[①]学生的生活世界是开放的而不是封闭的,学生追求的理想生活境界是一种可能的生活方式,生活指导在于帮助和引导学生过一种有意义的、可能的生活,生活的目的就是生活本身。赵汀阳认为"生活的目的是与生活一起显现出来的东西,它不是遥远的目标而是与生活本身的意图最接近的存在方向性,但它又是永远无法完成的追求,或者说总是在实现中的追求。生活的目的不是某种结局而是生活本身那种具有无限容纳力的意义"[②]。大学生文明寝室建设在于让学生追求幸福生活本身,生活指导需要学生去体验、去感悟文明寝室带来的积极影响。

四、生活指导视角下的大学生文明寝室建设实践与探索

学生公寓是学生学习、生活和交往的重要场所,也是课堂之外对学生进行思想教育和素质教育的重要阵地,对学生世界观、人生观、价值观的形成和个性心理品质的发展均有重要影响。近年来,部分高职院校积极尝试从生活指导视角创建大学生文明寝室,致力于探索文明寝室建设工作的有效做法,充分发挥学生公寓的管理、育人和服务功能。

(一)健全大学生文明寝室建设的保障机制

大学生文明寝室建设需要完善保障机制和健全各项规章制度。创建文明寝室是一项长期性、系统性、复杂性的事情,它关乎学生的成长与发展,关系到高职院校育人工作与培养目标的实现。完善文明寝室的保障机制是文明寝室创建的

---

① 赵汀阳.论可能生活(修订版)[M].北京:中国人民大学出版社,2004:148-149.
② 赵汀阳.论可能生活(修订版)[M].北京:中国人民大学出版社,2004:15.

基础性和必要性工作。因此,应着重开展以下几方面工作:

1.加强大学生文明寝室建设的理论指导

理论是实践的先导,实践需在理论的指导下才能有效地进行,实践需要科学理论的指导与引领。高职院校应努力挖掘自身的特色,结合新形势下文明寝室创建的特点,进行深入的、系统的理论研究。文明寝室创建是高职院校的重要工作之一,它具有复杂性、系统性等特点,高职院校要注重理论与实践的联系,用科学的理论指导文明寝室创建。

2.加强大学生文明寝室建设的机制建设

高职院校应充分认识到文明寝室建设工作的重要性和艰巨性,切实加强领导,建立"党委统一领导、党政群齐抓共管、有关部门各负自责、全社会大力支持的领导体制和机制"①,认真组织实施,把开展文明寝室建设作为学校育人和管理工作的重点之一。高职院校应健全学生公寓工作体系,建立起由学工部牵头,后勤、保卫等部门协助,各系为主实施,院办、组织部、宣传部、团委等相关单位参与的公寓学生教育引导和管理服务机制。同时,应成立文明寝室建设工作领导小组,学生寝室建设领导小组下设办公室,主要负责学生公寓的管理、安全稳定、物业维修、卫生防疫、食品卫生等工作。各职能部门明确各自职责,各司其职,建立有效的沟通机制,密切配合,共同推进学生文明寝室的创建。

3.加强大学生文明寝室建设的制度建设

文明寝室建设更需要完善关规章制度。科学规范的文明寝室建设工作制度能够保障工作的有序进行,高质高效地完成工作任务,文明寝室建设的管理制度既是学生公寓管理的基础,也是管理工作的实施依据。同时,以生为本的寝室管理制度能够帮助大学生养成良好的生活习惯,树立正确的世界观、人生观、价值观。强化制度建设是工作开展的有效保障,健全和完善文明寝室建设各项规章制度是文明寝室建设至关重要的举措,也是监督考核文明寝室建设效果的有效评测依据。例如,浙江省教育厅制定的《浙江高校文明寝室建设标准》和《中共浙江省委教育工作委员会、浙江省教育厅关于深入开展学校文明寝室建设的通知》,是全省文明寝室建设的重要指导文件。

(二)加强大学生文明寝室队伍建设,提升文明寝室建设中"管理育人"水平

完善的工作机制、健全的规章制度最终需要管理者的实践,管理队伍是文明寝室建设中不可缺少的一个环节。贯彻以生为本的寝室管理制度,学生公

---

① "中共中央国务院关于进一步加强和改进大学生思想政治教育的意见"[DB/OL]. http://baike.baidu.com/view/4587127.htm,2014-5-18.

寓管理过程中应体现出以学生为本,关心、关爱学生,尊重学生,为促进学生的全面发展创造条件,形成管理者与学生之间民主、平等、和谐的关系。一支政治坚定、业务精通、作风过硬、纪律严明、服务优质的学生工作队伍,是做好文明寝室建设的重要保障。学生工作的管理队伍建设直接关系到文明寝室建设的成效。应着力从以下几个方面加强队伍建设:

1.公寓辅导员是大学生文明寝室建设的主体力量

"高校公寓辅导员是高校教师队伍的重要组成部分,是公寓思想政治工作的主要实施者,他们既不是一般意义上的宿舍管理员,也不同于一般的学生思想政治辅导员。高校公寓辅导员在不同的高校有不同的叫法,如称为'公寓专职辅导员'、'社区辅导员'、'生活辅导员'等,是指工作在学生公寓第一线的工作人员,进驻学生公寓,与大学生同吃、同住、同生活,开展学生公寓日常管理、大学生纪律教育、大学生思想政治教育、公寓文化建设、学风建设和心理疏导等工作。"[①]公寓辅导员由年轻化、高学历、学生工作经验丰富,心理素质过硬,工作能力出众的辅导员兼职,他们与大学生年龄相差不多,文化价值观相近,公寓辅导员能够及时了解学生思想动态,帮助学生解决生活、学习和思想上的困难,是大学生的良师益友。公寓辅导员的作用发挥,有助于高校学生思想政治教育工作和稳定工作的开展,也利于学生尽快找到归属感,适应大学生活。学院安排每幢学生公寓都设有公寓辅导员值班,真正做到公寓辅导员与学生同吃、同住、同进步,他们在及时化解学生寝室间纠纷,推动公寓文化健康发展等工作中发挥着不可替代的作用。

2.教师、班主任与社区值班人员是大学生文明寝室建设的重要力量

基于生活指导视角的文明寝室创建活动需要突破以往管理人员单一、相互之间缺乏有效沟通,特别是以往教师和班主任的主要任务是教学与管理学生教室内的行为,忽视学生公寓的学生管理,彻底把学习与生活分割,未能形成教育合力。高职院校应鼓励各系积极探索辅导员、班主任以不同方式对学生进行生活指导和生活教育的形式与载体,同时建立干部教师联系寝室制度,实行教师联系寝室制度,要求每位领导干部和教师至少联系 2～4 个学生寝室,帮助并督促各自联系寝室做好卫生和文明创建工作。

3.学生自我管理队伍是大学生文明寝室建设的骨干力量

学生是寝室的主人,也是文明寝室创建的主体。文明寝室创建中的学生自

---

① 曾丽青.高校学生公寓辅导员队伍管理存在的问题及对策[J].重庆科技学院学报(社会科学版),2011(5):100.

我管理队伍不仅仅锻炼和培养大学生的"自我教育、自我管理、自我服务"能力，而且有利于培养学生团队协作中的集体意识、人际交往能力、热爱劳动的习惯。教育部颁布的《普通高等学校学生管理规定》中明确提到"学校应当建立和完善学生参与民主管理的组织形式，支持和保障学生依法参与学校民主管理"①，学院需要充分发挥各级学生组织和学生社团的功能，发挥优秀学生骨干和学生党员的先锋模范作用，切实加强寝室长、楼层长等公寓学生工作队伍建设，鼓励学生参与公寓的日常经营管理，凡与学生切身利益相关的决策要以适当方式听取学生意见，努力探索并有序开展维护学生权益活动的有效方式。学院成立学生自律委员会，负责对学生寝室内务卫生的检查、评分、汇总和反馈工作。同时，设定楼层长和寝室长负责各楼层和寝室内部的管理，收集和反馈学生信息，积极参与楼层的文化建设活动。

（三）以优化环境为载体，突出文明寝室建设中"环境育人"的要求

人生活在环境中，环境对人的影响是全方位的、潜移默化的，孟母三迁的典故中，择善邻而居之，深刻反映出环境对于一个人成长的重要影响。高校育人不仅仅体现在课堂上，也表现在校园环境中，其中学生公寓就是校园环境中的重要因子，寝室环境对于大学生成长的影响更为直接具体。大学三年，对大多数学生来说，有一半以上的时间是在寝室里度过的，寝室不仅是学生睡眠、休息的场所，也是学习的场所、沟通交友以及娱乐身心的场所。学生寝室是学生的第一社会、第二家庭、第三课堂，一个整洁的寝室，不仅有助于学生享受良好的生活，让学生拥有一个良好的休息、学习、交友空间，更有助于培养学生良好的行为操守和品格。它会让一个人养成良好的生活习惯，会让一个人变得爱劳动，会培养出集体主义思想，而这些正是我们学校教书育人所希望达到的目标，也是家长和社会所希望达到的目标。学生如果养成了这些好的行为习惯、思想品质，将会受益终生。

1.建设文明寝室安全、优美的物质环境

近年来随着招生规模的不断扩大，高职院校的学生总数不断增加，但是后勤设施跟不上扩招的步伐，导致学生公寓设施硬件较差，不能满足"90后"大学生的生活需求，制约着文明寝室建设工作的开展。物质是基础、是保障，学生公寓是大学生休息、生活的场所。首先，学生公寓应提供给学生安全的生活环境，保障学生公寓内良好有序的生活。同时，各高校也应定期开展学生寝室

---

① "普通高等学校学生管理规定"[DB/OL]. http://baike. baidu. com/view/438076. htm,2014-5-18.

的安全稳定隐患排查化解工作,不断完善寝室安全稳定的预警和防范机制建设。其次,学生公寓应根据学生实际情况,完善基本生活配套设施,为学生提供便利的生活服务。浙江省加大了寝室建设的投入力度,"2012年5月以来,浙江各高校广泛深入地开展高校文明寝室建设工作。据统计,截至去年10月底,浙江高校已投入资金8.74亿元(含部分高校新建寝室基建费用),改造公寓884幢,改造寝室88819间,建设公寓党团活动室、心理咨询室、师生谈话谈心室等58167.9平方米,极大地改善了学生公寓生活设施。"①

2.营造文明寝室活泼、向上的文化环境

寝室文化是校园文化的重要组成部分,需要打破以往教学区与生活区之间的阻碍,将校园文化从教学区延伸至生活区,营造浓郁的生活文化氛围,将学生公寓建设成为"思想教育、行为指导、生活服务、文化熏陶"于一体的第二课堂。文明寝室建设努力实现:在文化规范上,重视公寓文化的科学化、人文化与多元化,建立健全各项规章制度,使公寓文化建设融入学生文化素质教育体系中;在文化形态上,根据学院特点,结合公寓特色,设计与组织内容丰富、形式新颖、多姿多彩、吸引力强的寓教于乐的文化活动,营造文明、个性、积极向上的公寓文化氛围,增强学生的凝聚力和对学生的认同感与归属感;在文化导向上,通过举办特色的寝室文化节、寝室才艺大赛、寝室创业技能大赛等,努力培育出具有学院特色、学生特点的品牌文化活动,引导学生自觉践行社会主义核心价值观,形成文明的行为规范。高职院校应努力营造积极向上的寝室文化氛围。例如,浙江金融职业学院每年开展社区文化节、邻居节等文化建设活动,同时将学院的"金融文化"、"诚信文化"、"校友文化"融入寝室文化的创建中,把开展以"健康向上的情趣,求知好学的氛围,整洁卫生的环境,互动和谐的关系,紧张有序的生活"为主要内容的文明寝室创建活动作为主要的工作任务。

3.构建寝室便捷、规范的网络环境

互联网是一把双刃剑,学生既能够享受网络资源带来的便捷,同时也容易导致网络成瘾。网络具有虚拟性、开放性、即时性和互动性等特点,文明寝室创建中不能忽视网络的影响力,网络领域也亟须改善。"90后"大学生个性鲜明,喜欢追求新颖、独特,自我意识强,因此,网络也成为大学生学习、生活、休息、娱乐中不可或缺的重要工具,学生能够在虚拟世界中找寻独特的自我,实现生活中难以实现的愿望。这种现实的紧迫感也促使构建寝室便捷、规范的网络环境:学院

---

① 朱振岳.浙江投8.7亿元改善高校住宿环境[N].中国教育报,2013-1-28(1).

在学生公寓中创建主题网站,学院的师生都可以畅所欲言,可以在论坛上谈论食堂问题、公寓文明寝室创建问题、情感问题,等等,凭借这个平台师生间可以互动,学院也能够及时了解学生的思想动态。

（四）以服务学生为本,实现文明寝室创建的"服务育人"目标

文明寝室创建中要突出服务意识,把服务贯穿到整个创建活动的始终,切实发挥服务育人功效,让学生身心受到洗礼,努力发挥服务的公益性、教育性原则,为公寓开展心理辅导、就业指导和文化活动创造条件。学院在为学生提供服务的同时,需要不断优化和改进学生公寓的软硬件环境,考虑学生全面发展的各种需求,激发学生发展的潜在动力。

1. 党、团组织进社区,沟通融合促进文明寝室创建活动

文明寝室创建中不能忽视党、团组织的教育功效,基于生活指导视角的文明寝室创建过程也是大学生思想政治教育的过程,高职院校深化学生党建工作和思想政治教育进公寓,将学生党员的示范作用延伸到学生公寓,实行学生党员公寓挂牌制度。学生公寓每个楼层设立学生活动室,学生可以自行组织召开党团活动。

2. 主题活动进社区,为促进学生的全面发展服务

大学生离不开丰富多彩的活动。高职院校应组织各种学生团体深入社区开展特色的文明寝室创建活动,既能够为学生带来生活方面的便利,又有助于学生增长才干。例如,浙江金融职业学院举办的"我的寝室我的家"第三届社区邻居节活动,其中举办的主题活动有:"如何深入实践当代浙江人共同价值观"大讨论活动、"和谐寝室·文明家园"寝室文化设计大赛、"社区吉尼斯"争霸赛、"协作共赢"之包饺子大赛、"五讲、三化"文明寝室建设金点子征集大赛、"大学声 LE 美"之音乐会友、"构建安全防火墙"之消防演练、"相亲相爱一家人"联谊活动,等等。诸多活动,丰富了社区生活,锻炼了学生的能力,深受同学们的喜爱。

3. 学生资助工作进社区,增强文明寝室创建活动实效性

学生资助工作是高校的一项重要工作,学生资助工作深入到学生公寓中,有助于充分发挥社区与学生资助工作的相互促进作用。家庭经济困难学生在学生公寓中往往表现得缺乏自信、不善于交流、参加活动积极性较低、室友关系紧张等,并且经济困难学生自尊心较强,这种局面严重制约文明寝室创建活动的开展,也影响文明寝室创建活动的实效性。因此,在文明寝室创建活动中,高职院校应将学生资助工作进入社区,首先要在思想上帮助家庭经济困难学生"解困",公寓辅导员和社区心理咨询工作室成员及时了解家庭经济困难学生的个人信息,积极与学生沟通,帮助困难生解除心理上的"纠结",让家庭经济困难学生获

得自信,积极乐观面对生活。其次,充分利用社区的勤工助学岗位,让他们能够在为同学们服务的过程中收获信心、获得经济收益。学生公寓是一个充满爱的大家庭,在这里让家庭经济困难学生感受到家的温馨,促使他们健康成长。

基于生活指导视角的大学生文明寝室建设实践探索会面临许多困难和挑战,文明寝室创建活动没有相同的套路可以遵循,各高校都有着各自的特点,简单地模仿是行不通的,只有密切联系高校实际,在文明寝室创建之路上不断探索、不断创新,才能更好地服务学生。古人说:"一屋不扫,何以扫天下。"养成良好的生活习惯,保持健康的生活情趣,是每个大学生成长、成才的基础。在文明寝室创建之路上,我们一步一个脚印,大力弘扬社会新风正气,践行社会主义核心价值观,为培养和造就一大批社会主义事业的合格建设者和可靠接班人打下坚实基础。

第六节　发展服务型学生心理健康教育工作体系研究

大学生心理健康教育工作是高职院校的一项重要任务,《关于进一步加强和改进大学生心理健康教育的意见》中指出:"加强和改进大学生心理健康教育是新形势下全面贯彻党的教育方针、推进素质教育的重要举措,是促进大学生健康成长、培养高素质合格人才的重要途径,是加强和改进大学生思想政治教育的重要任务。"高职院校应结合实际,积极探索适合本校的心理健康教育工作体系,既是服务于高校培养目标的要求,也是直面学生存在的心理问题的需要。高职院校应努力构建发展服务型心理健康教育工作体系,发展服务型心理健康教育工作体系既立足当前学校实际,又指向学院未来发展之路,把解决问题与学生的成长、成才相结合,突出重点,以生为本。

一、高职院校学生心理健康教育的现状

2004年8月,中共中央国务院颁布《关于进一步加强和改进大学生思想政治教育的意见》中指出:"心理健康教育是思想政治教育的重要组成部分,心理素质是个人整体素质的一个重要方面。学校心理健康工作的加强,学生心理素质的提高,不仅对他们在校学习期间的身心健康和德智体美诸方面的全面发展有重要意义,而且对他们个人毕生的发展以及国家一代新人总体素质的提高有极为深远的影响。"高职院校培养的学生不仅要具有良好的思想道德素质、文化素质、专业素质和身体素质,而且还应具有良好的心理素质。面对"90后"大学生,

高职院校的心理健康教育需要继承优良传统,也需要在现实的基础上不断创新,发展服务型心理健康教育工作体系的构建是基于当前高职院校的心理健康教育工作中存在的问题,具体表现在以下几个方面。

(一)心理健康教育研究水平低,指导实践不力

目前我国高校心理健康教育研究面临诸多困境,"在理论性研究方面表现为:有特色的研究少,高水平的研究少,系列化的研究少,争鸣类的研究少,发展层面的研究少,服务性的研究少等;在实践性研究方面表现为:研究对象不具代表性,研究结果不具公正性,分析不具准确性,研究变量失控性,数据统计随意性等。"[①]其中高职院校的心理健康教育工作体系的研究欠缺理论深度,没有形成高职院校的特色,理论与心理工作实际衔接较差,缺乏对高职院校心理工作的有效指导。

(二)心理健康教育的组织机构不健全,认识存在误区

通过对高职院校实际情况的了解,各学校的心理健康教育发展极不平衡,部分高职院校的党委领导对大学生心理健康教育工作的认识不到位,没有充分重视这项工作。在学校的心理健康教育工作中存在很多问题,例如,机制不健全,管理不到位,政策制度不完善,分工不明确等。虽然很多高职院校成立了心理健康教育和心理咨询的相关机构,但是这些机构和部分隶属不明确,这样导致相关心理工作缺乏规范性和科学性。同时部分高职院校中存在对心理健康教育工作的认识误区,他们把心理工作的主要目标定位在少数存在心理问题的大学生身上,把工作的重心放在治疗和咨询上,忽视对心理疾病的预防以及发展性心理教育理念,导致大学生的心理健康教育推广和普及性较差。此外,部分高职院校中存在将心理健康教育工作与思想政治教育工作混为一谈,甚至存在某些用思想政治教育取代心理健康教育的现象,反而导致学生的心理健康问题不易得到及时解决,容易导致问题的严重化。

(三)心理健康教育工作侧重点单一,忽视发展性和服务育人功能

心理健康教育工作应全面考虑到学生的实际需求,紧密围绕学生在校生活而开展的相关教育活动,但是部分高职院校的心理健康教育工作的开展过分集中于管理和针对心理健康有问题的学生,从而未能形成一种长效机制,未能关注学生的全面发展。心理工作服务于学校的教育工作大局,同时更应该结合学校的特殊实际情况开展工作,把以生为本的理念贯彻到心理工作体系中而不仅仅是一句空洞的口号。部分高职院校的心理健康教育工作不能忽视服务育人功

---

① 姚本先.我国学校心理健康教育:现状、问题、展望[J].课程.教材.教法,2003(2):43.

能,仅限于解决问题,基本做不到立足实际,面向长远。学生的心理问题的产生源于很多因素,对症下药,药到病除,才能效果显著。

(四)心理健康教育保障机制不完善,经费投入不足

高职院校对心理健康教育的经费投入存在严重不足的现象,制约着心理健康教育工作的有效开展。"通过对全国52所高校的调查显示:在'高校心理健康教育工作最需要解决的问题'一栏中,40.4%选择经费,55.8%选择了工作人员,17.3%选择了硬件设施,38.5%选择了学校支持。"①这反映出学校的心理健康教育的保障机制不完善,相关的经费投入不足,影响心理健康教育工作。高职院校的心理健康教育工作的开展需要基本的场地、多媒体仪器等,这些都是心理工作的必要保障。部分高校忽视对心理健康教育保障机制的完善,也不能够有效地保障心理工作的实施。

二、发展服务型学生心理健康教育工作体系的理论概述

(一)发展服务型心理健康教育工作体系的政策背景

2011年2月,《教育部办公厅关于印发〈普通高等学校学生心理健康教育工作基本建设标准(试行)〉的通知》(教思政厅〔2011〕1号,以下简称为"建设标准")中指出:"加强和改进大学生心理健康教育是新形势下贯彻落实全国教育工作会议和《国家中长期教育改革和发展规划纲要(2010—2020年)》精神,促进大学生健康成长、培养造就拔尖创新人才的重要途径,是全面贯彻党的教育方针、建设人力资源强国的重要举措,是推动高等教育改革、加强和改进大学生思想政治教育的重要任务。"《建设标准》更是对大学生心理健康教育体制机制建设、师资队伍建设、教学体系建设、活动体系建设、服务体系建设、心理危机预防与干预体系建设,以及工作条件建设等七个方面进行了详尽的描述和标准化要求。高职院校应在这些标准的基础上,保证心理健康教育的正确导向,同时结合高职院校培养目标建立起发展服务型心理工作体系。

(二)发展服务型心理健康教育工作体系的理论基础

心理学研究表明:高职学生的年龄一般在18～22岁之间,从心理发展水平上看正处于迅速走向成熟而又尚未完全成熟的状态。入学后面对新的生活环境、学习环境、人际环境会经历一个适应阶段;新的心理平衡和生活习惯建立起来以后,会进入相对稳定的发展阶段;最后经历从学业生涯到职业生涯过渡的成熟阶段。在这三个阶段的发展变化过程中,常见的心理危机主要有以下几种类

---

① 李明秀.我国高校心理健康教育体系的构建与完善[D].东北师范大学硕士论文,2009.

型：一是人格缺陷引发的心理危机，这在高校学生中最为常见，表现为自我认识偏差、环境适应不良；二是人际关系冲突引发的心理危机；三是恋爱受挫引起的心理危机；四是学业、就业压力导致的心理危机；五是经济困难为诱因的心理危机；六是家庭重大事件诱发的心理危机。发展服务型心理工作体系的主要内容就是帮助学生预见危机发生的可能，提供自助和求助的途径，进行必要的心理与行为训练，为学生未来的持久发展奠定基础。

（三）发展服务型心理健康教育工作的内涵

我国高校心理健康服务体系目前正在经历着三个方面的转变：由诊疗型咨询向预防型教育转变、由一般适应型教育向成才型辅导转变、由单纯的心理咨询向结合德育的整体素质提升转变。发展服务型心理工作体系正是契合这三方面转变的一次有益尝试和示范案例。我们对发展服务型心理工作体系的定义如下：根据大学生的身心发展特点，面向全体学生，以发展性心理支持为主线，以开发学生心理潜能、促进学生健康快乐和持久发展为目的，运用心理学理论和技巧，结合学校和社会资源，以各部门密切配合、工作条件落实完善为保障，以"课堂教学、课外活动、个别咨询、团体辅导、危机干预、文化营造、提升能力、发展心理"为内容的学生心理健康发展服务型工作体系。

（四）构建发展服务型心理健康教育工作体系的重要意义

一方面，发展服务型心理健康教育工作体系的构建是立足于当前高职院校大学生心理问题而提出的。社会飞速变化，高等教育加速变革，从而对"90后"大学生的思想观念、行为方式、人际关系、心理状态都产生了重要影响，对高职院校学生的心理素质，特别是大学生的社会适应能力，抗压抗挫折能力，自我调节能力提出了更高的要求。现实的紧迫性要求高职院校探索在新形势下的心理工作体系，发展服务型心理健康教育工作体系是应实际的需求而产生的，各高校应自主摸索适合本校的心理工作体系。

另一方面，发展服务型心理健康教育工作体系是全面推进素质教育和实现培养目标的重要保证。事实表明，良好的心理素质是大学生学习、生活、交往和发展的基本前提，一位患有心理障碍的大学生是很难完成学业的，心理是基础，良好的心理素质是大学生思想政治素质的重要前提。发展服务型心理健康教育工作体系既关注学生存在的心理问题，同时在心理工作的过程中更加注重服务育人的功能，尊重学生，帮助每一位学生找到适合自己的发展之路，是提高人才培养质量的重要举措。

三、高职院校学生发展服务型心理健康教育工作体系的构建与完善

为了进一步做好大学生心理健康教育工作，教育部相继出台《关于加强普通

高等学校大学生心理健康教育工作的意见》和《普通高等学校大学生心理健康教育实施纲要（试行）》，各高职院校也积极开展心理健康教育工作的探索与实践，但部分高职院校的实践中缺乏有效的联系和融通机制，不能充分发挥已有资源的功效，大学生的心理健康教育工作不能全面地展开。下面以浙江金融职业学院为例介绍发展服务型学生心理健康工作体系的构建与完善。建院之初，浙江金融职业学院就明确了学生的培养目标是：三种精神——敬业精神、团队精神、求索精神；三种能力——人际沟通能力、岗位适应能力、业务操作能力。为了将心理健康教育工作做实做好，该校认真总结心理健康教育工作的经验，吸取教训，重新定位心理健康教育的工作性质，重视学生综合素质和多种能力的培养提高工作，特别是对学生心理素质培养和心理健康水平提高的工作尤为重视，构建形成一个有效的发展服务型心理健康教育工作体系，为大学生的全面成长、成才做好保障工作。浙江金融职业学院的一些做法如下：

（一）科学规划，坚持"以生为本"的教育理念

"以生为本"的教育理念是从"以人为本"的教育思想发展而来的。教育是使生物人成为健全的社会人的过程，学校不是工厂，学生也不是物体，教育除了知识和技能的传授以外，更多地包含着人文关怀和情感滋养，教育中提倡"以人为本"，进而发展为"以生为本"，强调的是对学生生命的尊重和独立人格的培养，这是时代发展的产物，是发展的必然要求。高校的心理健康教育工作，更应坚持以学生为本的教育理念，从学生的实际需要出发，顺应学生身心发展的客观规律，挖掘学生的潜在能力，促进其心理健康愉悦的发展。

根据《教育部办公厅关于进一步加强高校学生管理工作和心理健康教育工作的通知》（教社政厅〔2003〕2 号）、《中共中央国务院关于进一步加强和改进大学生思想政治教育的意见》（中发〔2004〕16 号）、《教育部卫生部共青团中央关于进一步加强和改进大学生心理健康教育的意见》（教社政〔2005〕1 号）和浙江省教育厅、浙江省卫生厅等相关文件精神，学院于 2005 年下发了《浙江金融职业学院关于加强学生心理健康教育工作的实施意见》和《浙江金融职业学院关于施行大学生心理危机干预实施方案的通知》，提出了实施心理健康工作的"六个一"工程，即：建设好"一支队伍、一套制度、一个体系、一本教材、一个教研中心、一个咨询中心"。"六个一"工程体现了发展服务型心理工作体系中坚持以生为本的教育理念。

学院党委会召开专题工作会议研究心理健康工作，结合省教育厅专家组的有关建议，于 2007 年制定浙江金融职业学院《关于进一步加强和改进心理健康教育工作的若干意见》，进一步明确了心理健康教育和咨询工作的运作机制和工作理念为"一个小组、两个中心、三级体系、四方结合、五个抓手"。2010 年，学院

提出"坚持'六业贯通'理念,深入实施'千日成长工程'"。2011年,学院提出"构建发展服务型学生工作体系",围绕这个目标,心理健康教育工作也开始转型,旨在建构发展服务型的学生心理健康教育工作体系,以全面推进素质教育为目标,以提高学生心理素质为重点,促进学生在"千日成长工程"中全面发展和健康成长。

(二)完善发展服务型心理健康教育组织管理体系

要把"以生为本"的教育理念生动体现、扎实贯穿在培养和塑造学生健康心理的每个环节和全部过程中,需要全校各部门和全体教师的配合与努力。学院在2001年就建立了心理健康工作制度,成立了心理健康工作领导小组,由主管学生工作的副书记任组长,主管教学工作的副院长任副组长,学工部、教务处、人文社科部、院团委、校医院、各系党总支等部门负责人为成员,全面负责学院的心理健康工作。领导小组每学期至少召开一次会议,研究、分析、讨论学生心理工作方面的新情况、新问题,协调指导全院学生心理健康工作,审定心理健康教育和心理健康工作计划,督促检查工作落实情况,制定了《关于加强学生心理健康教育工作的实施意见》、《大学生心理危机干预实施方案》和《关于进一步加强和改进心理健康教育工作的若干意见》,进一步明确了学生心理健康工作的目标、任务、职责,以及运行机制、落实队伍、保障体制等。

2007年,为强化心理健康工作的组织机构建设。根据浙金院党〔2007〕32号文件,在原有虚实结合的学生成才成长咨询中心基础上,独立设置心理健康教研中心和心理健康咨询中心。心理健康教研中心主要负责心理健康方面的教育教学、课题研究和学术交流工作的开展,通过教学实践和调查研究,普及心理健康知识,总结出切实可行的教育教学工作经验,增强心理健康教育工作的科学性、针对性和实效性。心理健康咨询中心主要负责心理健康方面的咨询干预和宣传教育工作的开展,通过案例咨询和宣传活动,帮助学生排解心理困扰,开发学生的心理潜能,提高学生的心理素质,以促进学生全面发展为宗旨。为使心理健康工作协调一致,实行"两块牌子、一套人员"。

同时,各部门协调配合、分工负责做好学生心理健康的宣传教育、教学指导、信息反馈、咨询干预等工作。全院教师共同关心全体学生的心理健康,让学生体会到了一个"安全"的、"放心"的、属于自己的"心灵家园"。

(三)坚持两个课堂相结合,促进发展服务型心理健康教育工作体系

1.开设大学生心理健康教育课程,充分利用心理健康教育主阵地

开设大学生心理健康教育课程应是发展服务型心理健康教育工作体系中的主渠道、主阵地。发展服务型心理健康教育工作离不开学生对心理学知识的掌

握,学院把心理健康教育课程作为必修课程,通过课程的学习,有助于让大学生正确客观地认识自我、增强自我心理的调解能力,正确对待生活中的挫折和缩短自我成长的心理预期,有助于学生尽快适应新环境,正确处理人际关系,对学生人格的完善发挥重要的作用。因此,发展服务型心理健康教育工作仍然重视心理健康课程,执行国家制定的心理课程教育大纲,认真完成教学大纲规定的工作原则、工作内容、工作方法等。同时,努力把心理健康教育课程融入学生各科教学活动中,发挥其潜移默化的功效。

素质教育包括思想道德素质教育、知识技能素质教育、心理素质教育和生理素质教育四个部分,心理健康教育作为素质教育的有机组成部分,也需要通过课堂这样一种教育的主渠道来进行知识的传授、理念的转变和技能的塑造。从 2001 年起,学院便开设了一系列心理健康教育课程,如"健康卫生与心理咨询"、"心理学基础"、"应用心理学"等。除了部分是专业必修课以外,其余是以公共选修课的形式开设的。从 2004 年开始,我们积极探索心理健康教育与职业素质、就业指导等教学内容的整合及教学方式方法的创新。2005 年起,正式把心理健康教育内容纳入"人文素质与职业素养"必修课内,作为全院学生的公共必修课。为了更好地将心理健康教学内容与学生的学习实际和成长阶段有机结合,学院将教学内容分成十个专题,分别在不同的年级进行讲授,这样就把心理健康教育贯穿于学生在校学习生活的全部过程中,使全体学生在系统了解心理健康基础知识的同时,能够联系学生的实际情况,解决不同阶段可能遇到的心理问题。从而,使学生不仅学习了心理健康理论,更增强了心理调适能力,健全个性品质,提高综合素质。2007 年,浙江金融职业学院在三年教学实践的基础上,完善了心理健康课程教学大纲,根据各自分工负责的专题教学内容,组织编写了人文素质与职业素养系列教材之一《高职生心理健康教程》,于 2007 年 9 月由浙江科技出版社正式出版发行。2009 年,经过五年的教学实践和课程研讨,学院根据高职学生的学习习惯和知识习得特点,将教学内容精简为六讲。2011 年 5 月,《教育部办公厅关于印发〈普通高等学校学生心理健康教育课程教学基本要求〉的通知》(教思政厅〔2011〕5 号)进一步明确新时期心理健康教育工作建设标准和工作重点。根据教育部文件,结合多年的教学经验,2011 年 9 月,适合新课程的教材《心理健康指导》由浙江科技出版社正式出版发行,该教材更适合高职学生学习和心理发展现状,受到了师生们的好评。

2.开发课外实践活动,扩展发展服务型心理健康教育工作体系

在注重发挥课堂教育主渠道作用的同时,通过组织生动有趣,丰富多样的演讲比赛、电视欣赏、竞赛游戏、角色扮演、团体讨论等活动,使学生对心理健康教育产生了浓厚的兴趣。通过带领学生们进行自信心训练、语言表达训练、人际交往训练、情绪控制训练、潜能拓展训练等活动,使学生得到了切实的锻炼,岗位适应能力得到了提高,同时也增强了职业能力和专业自豪感。除每年四五月份常规举行的心理健康月活动外,形成了心理嘉年华趣味运动会、"大学故事　青春心灵"心理情景剧大赛、"阳光杯"心理素质拓展大赛等品牌活动项目,深受学生喜爱。学院根据学生所学专业和就业岗位的需要,有计划、有针对、有专题地进行心理与能力方面的素质拓展和训练活动。为此学院在华夏运动场南侧建设了素质拓展园区,占地 1500 平方米,划分为四个主题性拓展园区"诚信园"、"明理园"、"笃行园"和"励志园",每个园区内布置与主题紧密结合的若干个拓展项目,主题园区的设计充分突出了体现学院"诚信、明理、笃行"的优良学风和金融岗位勤勉励志、开拓创新的职业需求特征。素质拓展园区共有一个主体项目和七个场地项目:主体项目采用四方形结构,主要为高空项目,包括空中单杠、高空断桥、天梯、泸定桥、生死与共;七个小项目分别为:移花接木、硫酸池、信任背摔、毕业墙、孤岛求生、模拟电网、有轨电车;同时有若干符合主题的创新性特色场地,可开展不少于 15 项左右的拓展项目,可供 100 人左右同时开展素质拓展训练。目前,素质拓展课程已经作为学院全体学生的必修课,每个在校学生都必须参加旨在培养和强化团队凝聚力、诚信品质、抗挫能力等的拓展训练活动。

(四)坚持教育与自我教育相结合,实现发展服务型心理工作体系的服务育人目标

1.加强心理工作队伍建设,提高发展服务型心理健康教育工作水平

学院严格按照心理咨询室的建设标准,开辟场所,配置设备,在教学区建立了 1 个咨询室,在学生宿舍区建立了 2 个咨询室供学生倾吐心声,目前已经开展了来访咨询、电话咨询、书信咨询、网络咨询等咨询项目,以心理健康教育教研室教师为主,根据学生的预约和各系反馈的学生信息,有针对性地开展咨询工作。

心理健康咨询中心目前有专职心理健康教育教师 2 名,均为心理学专业硕士毕业,校内兼职心理咨询教师 12 名,其中副教授 4 名,有 9 名教师已取得了劳动保障部颁发的二级心理咨询师职业资格证书,有 1 名教师取得了教育部颁发的高校心理健康教育骨干教师证书和劳动保障部颁发的二级职业指导师职业资格证书。为提升心理健康工作队伍的专业水平,学院于 2005 年 5 月与杭州市第七人民医院签订合作协议,聘请了该医院丁瑛等 3 名专家为学院兼职教授和心理诊疗专家。2007 年 6 月,还聘请了浙江大学马建青教授为学院兼职教授,整体督导学院心理健康教育教学工作的开展。校内心理咨询专兼职教师每周一至

周五下午、周一至周四晚上,轮流为学生进行心理咨询。学生公寓内设有两个心理咨询室,主要由专职辅导员接待学生的咨询,通过咨询沟通了解学生的需求和心理状况,及时发现问题,尽早进行干预。

　　为提升心理健康工作教师队伍的专业水平和咨询技能,学院将专兼职教师的培训列入师资培训计划,将辅导员的心理健康工作培训列入岗位培训计划。自 2005 年以来,选派了 1 名教师参加了教育部高等学校大学生心理健康教育骨干教师培训,12 名教师参加了心理健康咨询师的学习培训,2 名教师参加了全国心理健康培训班,1 名教师参加了沙盘游戏培训和现代行为治疗培训,2 名教师参加了杭州首届国际催眠师培训,20 余人次参加了浙江省各类心理健康培训班学习,另有 30 余名专职辅导员参加了岗前心理健康培训等。通过培训不断提高心理健康教育工作者的理论水平、专业水平和操作水平。

**　　2.开展学生自我教育活动,丰富发展服务型工作体系**

　　心理健康教育的目的在于促进学生成长和发展,而成长和发展必然是主动参与的过程。因此,在心理健康教育过程中要充分尊重学生的主体地位,发挥学生的主动性,促使学生自知、自觉、自助地进行自我指导,不采取强制手段,更不代替学生去解决他们应当面对的问题。这里非常重要的一条途径就是借助于班级学生心理委员的力量,充分发挥其信息员、联络员、组织员、疏导员的作用。

　　自 2005 年起,学院便在每个班级设置了心理保健员,次年纳入班委成员。2010 年,为增强学院的心理健康教育工作的针对性和实效性,培养一支具有较强心理自助与助人能力的学生骨干队伍,强化学生在心理健康教育中的主体地位和自我教育功能,进一步加强和推进我校心理健康教育工作,学院制定了《班级心理委员管理办法》,规定在院系学生应分别设立心理发展部,纳入学生会管理体系,分别由院系负责心理健康的老师指导其开展工作。

　　学院对心理委员实行双重管理,在行政上按普通学生干部的要求由系部进行管理与考核,接受院学生会指导,系学生会领导,在业务上接受学院心理健康咨询中心老师的培训、督导、管理与考核。所有心理委员必须参加学院心理健康咨询中心组织的系列培训课程,考试合格方可取得心理委员证书,凭证书可在每学期的综合测评分中增加 1 分。每年年底,心理健康咨询中心会组织由心理健康咨询中心教师、各系心理联络员、学生干部组成的考核评价小组,依据浙江金融职业学院《班级心理委员量化考核实施细则》对心理委员的工作进行考核评价,综合心理委员参加培训情况、心理互助工作情况、班级活动开展情况,坚持自评与他评、效果评估与过程评估、定量评价与定性评价相结合的多种考核模式进行评价,对实绩突出的心理委员进行表彰和奖励。事实证明,相信学生、依靠学生,建立学生心理互助的工作机制是提高心理健康教育十分有效的方法,目前学校心理健康咨询中心接手的个案有三分之一是学生提供的信息。

（五）营造良好的校园心理氛围，守住心理危机的底线

　　良好的校园文化环境是心理健康发展的必要条件，它时刻影响学生的理想、道德、信念、价值观的形成，改变和塑造着学生的认知、情绪和行为，对学生的身心健康发展起着举足轻重的作用。我们通过校园文化建设营造积极、健康、高雅的氛围，陶冶学生情操，增强学生相互关怀与支持的意识，促使其全面发展和健康成长。

　　学院注重拓展课外心理辅导和咨询指导的空间，利用学院广播、电视、校园网及校刊、校报、橱窗、板报等宣传媒体，通过定期举办心理健康教育活动周等主题教育活动，广泛宣传、普及心理健康知识，强化学生参与心理健康教育的意识，提高学生关注心理健康的兴趣。经常举办面向全体学生，以发展性为主的心理辅导和咨询活动，向学生提供经常、及时、有效的心理指导与服务、辅导和咨询工作。特别是针对高职学生的特点及心理矛盾与心理困扰，发挥外聘专家的作用，举办专题讲座。还定期为教师发送娱乐身心的相关资料，通过改善教师的心理状况潜移默化地优化学生的心理品质。此外，学院改善了校园"软环境"，营造有利于学生心理健康发展的大环境，学院也坚守学生心理危机干预的主阵地。形成预防和干预学生心理危机的机制，建立心理危机干预的工作制度，使学院的危机干预工作具有科学性和可操作性。学院建立的院、系、班三级"四结合"心理健康监护体系分别承担"咨询指导"、"教育宣传"和"信息反馈"等工作职责。"咨询指导"工作由心理健康咨询中心的教师负责，包括全院学生心理健康教育、教学、咨询、辅导等工作。"教育宣传""信息反馈"工作由各系设立的心理健康教育联络员负责，心理健康教育联络员都由专职辅导员担任，充分发挥专职辅导员在学生心理健康工作中的积极作用。学院还制定了学生工作委员会、定期思想研判制度和驻公寓辅导员每日谈心制度，及时发现和了解学生的思想动态和可能存在的心理问题。各学生班级的心理委员主要协助辅导员做好信息沟通和反馈工作，负责组织开展班级心理健康教育的各类事务和活动。

　　学院经常组织院内的培训学习，普及心理健康知识，交流心理健康工作经验等。学院每年进行学生工作队伍培训时，都安排心理健康教育方面的专题，对辅导员、班主任进行学生心理健康有关内容的业务培训，并且鼓励辅导员参加心理健康教育方面培训学习和学历提升、考取资格证书等。除了校内，宿舍也是心理健康教育的"必争之地"。每年会组织一到两次宿管人员的座谈和培训，及时掌握各宿舍楼的动态信息，这样不仅让宿管人员有倾诉需要和宣泄压力的途径，同时通过培训，也让他们基本掌握了危机识别的要领，了解信息上报的渠道。寝室长是与学生相处时间最长和接触最密切的人，如果学生出了问题，寝室长也将是

第一现场第一时间的发现者,发挥他们的人际网络优势,发现问题及时反映,能够未雨绸缪。我们除了有以寝室为单位参与的社区文化节等活动以外,还专门针对寝室长设计培训课程,主要教授如何识别常见的心理危机以及寝室问题的处理方法,让他们鼓励室友共同经营和努力维系良好的寝室人际关系,共享和谐的寝室氛围。这样能使心理危机干预的重心下移,为危机干预提供了一个可靠的信息依托。此外,学院还建立了外聘专家、兼职教授定期诊疗制度,保证每星期有半天时间由有处方权的专家进行心理咨询和心理诊疗工作,为个别有需要的学生或心理健康咨询中心及各系转介的确需医疗诊断与治疗的学生服务。

高职院校大学生心理健康教育是一项复杂的工作,具有较强的科学性、系统性、专业性和技术性特点。学院积极探索的发展服务型心理健康教育工作体系,对促进高职院校心理工作的开展,提高高职院校心理健康教育工作效能,促进大学生身心健康和全面和谐发展,贯彻落实科学发展观,坚持以生为本具有重要的现实意义。

第七节　高职院校发展服务型资助工作体系研究

近年来,党和政府高度重视高校学生资助工作,不断出台和完善资助政策,增加财政资助投入力度,资助工作取得了巨大成绩。高校资助工作得到社会各界的认可,资助面不断扩大,资助金额不断加大,资助工作社会影响力日益增大,帮扶广大家庭经济困难学生顺利完成学业,做到了不让一位学生因为家庭经济困难而失学。经过几十年的发展,特别是进入 21 世纪后,面对各种困难与挑战,我国的资助工作迎来新的发展机遇,也需要不断完善和发展,本书从理论和实践层面构建高职院校发展服务型资助工作体系,试图通过发展服务型资助工作体系构建解决资助工作中存在的问题,更好地发挥资助的育人功效,推动资助工作迈上新的台阶。

一、我国学生资助工作现状

(一)资助工作的主要成绩

在过去的 10 年中,我国学生资助工作取得了显著进步,形成了"奖、助、贷、勤、补、减、偿"的高校学生资助体系,保障学生的基本生活需求,特别是在 2007 年,国务院颁布了《国务院关于建立健全普通本科高校、高等职业学校和中等职业学校学生资助政策体系的意见》,从政府和学校层面上对学生资助工作提出明确要求,主要体现在:一是国家资助政策体系实现全覆盖,到2007年秋季,国家以前所未有的力度,按照"加大财政投入,经费合理分担,政策导向明确,多元混合资助,各方责任清晰"的基本原则,逐步形成覆盖学前教育、义务教育、普通高中教育、中等职业教育和高等教育的学生资助政策体系;二是建立健全学生资助管理体系和机制。学生资助工作关系到教育公平和社会公正,如何保障国家资助政策体系的有效落实,中央和地方以及各级学校采取强有力的措施,完善资助管理体系和健全工作机制。

(二)资助工作存在的问题

在看到资助工作取得的成绩的同时,我们也要看到资助工作还存在一些问题,主要是:

1.重视物质层面的资助,缺乏精神层面的关注

"资助"一词在词典中的解释是:(1)帮助,提供;(2)以财物帮助;(3)替人出力、出主意或给予物质和精神上的支援。对词典上资助一词的理解有助于认清目前高校学生资助政策的性质,就实际反馈的情况而言,目前高校学生资助工作偏重于物质层面(金钱和实物),忽视学生的精神层面资助。联合国开发计划署在《1998人类发展报告》中指出:"除了缺乏物质福利必需品之外,贫困还意味着不能得到对人类发展来说最基本的机会和选择:过长期、健康、有创造性的生活,达到体面的生活标准,有尊严、满足自尊并受到他人的尊重以及得到人们在生活中重要的东西。"对家庭经济困难学生不应仅限于经济层面的资助,他们的内心更加渴望获得尊重、得到尊严,以及通过实践活动获得技能,从而达到自强、自立。

2.重视"扶贫济困"功能,忽视"扶贫育人"功效

近年来国家不断健全和完善高校学生资助政策,以往制定和颁布的资助政策,主要是给予学生资助、奖金和奖励,而政策的出发点是限于学生的家庭贫困,生活拮据,力图帮扶学生走出生活困境,享受教育公平。然而,现实中有些家庭经济困难学生认为家庭贫困理所当然应该受到资助,从而产生"等靠要,吃补助,高消费"的现象,这个过程忽视了"扶贫育人"功效。高校学生资助工作应起到感恩教育、励志教育、心理教育等功效,而这些教育对于学生的全面成长、成才至关重要,需要由"授人以鱼"向"授人以渔"转变。

3.现行资助政策的内在制度隐忧

一方面,表现在资助形式、主体、内容单一,缺乏变化。以政府资助为主,社会以及其他形式资助较少,没有充分调动社会主体的积极性。资助形式单一,经济社会的飞速发展,而目前的资助仍然以经济手段为主。资助政策没有兼顾到不同类型高校学生的特点,以及资助标准统一、均衡,缺乏对各地实际情况的适应。另一方面,缺乏家庭经济困难学生认定的有效手段,以及对家庭经济困难学生资助工作的考核和评价。各地高校普遍感受到如何界定学生是"贫困生"问题的艰巨性,这直接影响到国家资助政策实施的有效性,同时资助工作的评价考核标准较困难。

二、发展服务型资助的内涵及主要特征

(一)发展服务型资助的概念

发展服务型资助是指随着经济社会的发展,学校遵循教育发展规律和学生成长成才规律,满足家庭经济困难学生的生活和成长需求,通过资金帮扶、项目扶持、实践活动、科研指导、人力物力支持等多种方式,帮助家庭经济困难的学生努力克服经济困难的同时,提升学生的素质,培养学生能力,健全学生人格,促进学生身心全面发展的一种资助模式。

发展服务型资助的本质在于助人、育人,促进学生的全面发展,其中包括尊重人格,关心成长,帮助生活,丰富情感,激发学生内心自强、自立、自信的品质。同时,发展型资助坚持"授人以鱼"与"授人以渔"相结合的理念,发展型资助通过"授人以鱼"(如国家奖学金、国家助学贷款、国家助学金、临时困难补助、勤工助学金、学费减免、社会资助等)的方式解决贫困生的"经济困难"问题(即缺失性需要),同时通过"授人以渔"(如心理健康教育、社会实践、就业创业、技能训练、素质提升、能力培养等)的方式帮助家庭经济困难学生解决"成长性需要",从而帮助家庭经济困难学生摆脱贫困生活,努力将其培养成心理健康、积极进取、能力过硬、心怀感恩、实现自身价值的有用人才,为学生的全面成长、成才提供必要的保障。

(二)发展服务型资助的主要特征

1.凸显主体性

与保障型资助和救济型资助相比,发展服务型资助能突显受助者的主体性,它转变传统意义上受助者被动接受的局面,赋予受助者主动性和能动性。家庭经济困难学生不仅仅是经济方面贫困,而且经济因素所带来的心理、思想等方面的影响较大。发展服务型资助能够给予家庭经济困难学生自主选择适合自身发展的项目,更能满足家庭经济困难学生的实际生活需求,尊重家庭经济困难学生的人格和自主选择权,使学生获得理解和尊重,让贫困生意识到资助是对自身成长和发展的保障,更能激发学生自主创业、努力克服困难的信心。

2.彰显多样性

发展服务型资助的多样性特征体现在以下两个方面:一方面,受资助的学生有多样化的需求,特别是"90 后"家庭经济困难学生不单单局限于经济因素,还包括心理因素、实践技能、人际交往、自我成长意识等多方面需求。与此同时,面对家庭经济困难学生多样性的需求,资助形式应该丰富多彩,突破以往的单独经济资助形式,发展服务型资助可以根据家庭经济困难学生的实际需要提供适合的资助项目。另一方面,资助主体多样性。发展服务型资助应改变以往以国家为单一资助主体的局面,根据本地区经济发展水平,结合院校特色开展多样化资助,实行国家、社会、院校、企业以及个人相结合的资助主体。

3.可持续性

发展服务型资助的显著特点是可持续性。事物是处于发展变化中的,因此,资助工作需要不断完善。以往资助工作的关注点仅限于一次或者一时,局限于某个时间段,但是家庭经济困难学生的需求是不断变化的。发展服务型资助是"根据贫困学生成长的不同阶段、不同需求,以培养学生品质和能力为价值取向,在帮助解决经济困难的同时更加关注家庭经济困难学生未来的发展,注重家庭经济困难学生思想、人格、情感、技能等方面的支持和培育,强化对家庭经济困难学生思想的引领,情感和心理的疏导,社会交往能力、实践动手能力的锻炼,专业技能的培训,从而发掘和提升家庭经济困难学生的发展潜能,促进家庭经济困难学生的全面发展、协调发展和可持续发展。"[1]

三、构建发展服务型资助工作体系的重要意义

(一)构建发展服务型资助工作体系有利于贯彻落实国家教育决策

高校作为培养人才的重要场所,育人工作是至关重要的。资助工作是一项艰巨的任务,它有助于家庭经济困难学生成长成才。《国家中长期教育改革和发展规划纲要(2010—2020 年)》明确指出:"要把促进学生的健康成长作为学校一切工作的出发点和落脚点。关心每个大学生,尊重教育规律和大学生身心发展规律,为每个大学生提供适合的教育。着力培养信念坚定、品德优良、知识丰富、本领过硬的高素质专门人才和拔尖创新人才。"[2]因此,高校资助工作应该在理念和工作设计上为家庭经济困难学生提供指导和帮助。在心理教育、创业指导、科研创新等方面给予政策、资金和理论上的帮扶,使高校培养的人才满足社会需

---

① 马彦周,高复阳.高校构建发展型资助的必要性研究[J].湖北社会科学,2011(1):181.

② 国家中长期教育改革和发展规划纲要(2010—2020 年)[J].中国高等教育,2010(8):18—20.

求,促进大学生整体协调发展。

(二)构建发展服务型资助工作体系有利于学生全面发展

资助工作看似是满足学生的基本生活需要,其实家庭经济困难学生需要的资助不仅限于经济问题和个人的生活问题,更深层次上是学生心理问题,培养自信心问题,获得生活技能问题等。1943 年,美国心理学家马斯洛(Abraham H. Maslow)发表人类动机理论,提出"五层宝塔"式的需要层次理论,他把人的基本需要分为生理需要、安全需要、爱和归属需要、尊重需要和自我实现需要,认为五种需要之间是相互联系、依次上升的关系,它们共同构成一个"有相对优势关系的等级体系"。① 目前高校学生以"90 后"为主,他们的思政状况趋于成熟理性,但是部分"90 后"家庭经济困难学生行为上渴望独立、获得自主与心理依赖性强、抗挫能力差,情感特点上表现为浮躁、虚荣心强、渴望被尊重等。高校发展服务型资助则有助于满足"90 后"大学生多样化的需求,由低向高,循序渐进地促进大学生的成长,帮助贫困生克服生活困难,树立自信心,同时,以提供心理辅导、创业指导、技能培训等多种形式满足学生全面成长需要。发展服务型资助让学生获得生活需要的知识与技能,培养独立自主的人格,为社会培养合格人才,实现教育目标。

(三)构建发展型资助工作体系有利于落实国家资助工作政策,促进教育公平

教育公平一直是教育工作孜孜以求的目标,教育公平是社会公平的重要体现,教育公平是和谐社会的重要基石。党的十八大报告指出:"努力办好人民满意教育。大力促进教育公平,合理配置教育资源,提高家庭经济困难学生资助水平,积极推动农民工子女平等接受教育,让每个孩子都能成为有用之才。"②教育机会均等是教育公平的核心,高等教育机会的均等就是指所有的社会个体在争取接受高等教育的外部条件上是同等的,不能因为个人的某些外在条件而失去接受高等教育的机会。其中包括三个方面:一是确保人人享有平等地接受教育的权利;二是提供相对平等的受教育机会和条件;三是教育成功和教育效果的相对均等。高校资助工作是体现教育公平的重要途径之一,发展服务型资助是对以往资助工作中存在问题的自我修正,是落实国家资助工作政策的重要手段。发展服务型资助的内容和形式不是均等地资助家庭经济困难学生,貌似公平的均等资助其实质并不公平,公平的机会均等只有通过不均等的资助才能实现。发展服务型资助关注每一位学生的成长需求,根据学生的不同特点与需要来提

① [美]弗兰克·戈步尔. 第三思潮:马斯洛心理学. 吕明等,译. 上海:上海译文出版社,1986:39.
② "十八大报告(全文)",新华网[DB/OL]. http://www. xj. xinhuanet. com/2012-11/19/c_113722546_7. htm,2014-5-18.

供资助，并且资助是持续性的、变化的，一直伴随着学生的在校学习和生活，有助于实现教育公平，塑造学生健全人格，帮助学生树立正确的人生观、世界观和价值观。

四、高职院校发展服务型资助工作体系的构建

高职院校发展服务型资助工作坚持以生为本，其本质是在帮助解决家庭经济困难学生求学基本物资需求的基础上，做好助人和育人工作，促进学生的全面发展，支持和鼓励大学生成长、成才。发展服务型资助的基本要求是在帮助家庭经济困难学生解决经济和生活困难的基础上，更加注重对学生的能力培养、素质提升，心理教育和感恩教育，实施创业创新帮扶工作，满足学生不同发展阶段的不同需求。为达到资助工作的目标，结合高职院校资助工作经验，进行发展服务型资助工作体系的有益探索与尝试，具体措施如下。

（一）坚持以生为本的资助理念，切实将发展服务型资助工作纳入高校育人体系

发展服务型资助工作体系作为高校教育教学工作的重要组成部分，不能脱离学校工作。杨叔子曾指出："大学的主旋律应是'育人'，而非'制器'，是培养高级人才，而非制造高级器材。人是有思想、有感情、有个性、有精神世界的，何况是高级人才。器是物，物是死呆呆的。……其实我们的一切工作都是如此，都是以人为出发点，以人为归宿点，以人贯穿各方面及其始终；何况是直接培养人的教育？"[①]高职院校的家庭经济困难学生资助工作应该坚持以人为本的资助理念，把学生的发展与成长放在首位，从家庭经济困难学生的基本生活需求入手，着力构建和解决学生的多层次需求。发展服务型资助工作体系应是高职院校育人工作的一部分，服务于学生的利益，服务于学校的整体发展，将学生资助工作纳入育人工作体系中，推动发展服务型资助工作长期性、全面性、协调性，促进资助工作科学化、规范化。

（二）完善三个机制，切实做好保障型资助的基础工作

保障型资助是资助工作的起点和初始阶段，是资助工作的基础和保障，是做好学生资助工作的基本要求，是发展服务型资助体系的重要内容之一。发展服务型资助包含保障型资助，是资助工作的发展和高级阶段，是对保障型资助的扬弃和发展，是对保障型资助的完善和改进。做好保障型资助需要进一步完善好以下三个机制。

---

① 杨叔子.是"育人"非"制器"——再谈人文教育的基础地位[J].高等教育研究,2001(2):7.

1.完善家庭经济困难学生的认定工作机制

家庭经济困难学生的认定工作是一项重要的任务,它的工作效果直接关系到保障型资助工作的开展。高校应建立家庭经济困难学生的信息库,从新生入学就着手构建和完善学生的信息库,并进行动态化管理,定期对家庭经济困难学生的信息库进行修正。此外在评定过程中,积极与生源地的民政部门联系,以确认学生的家庭经济情况,班级综合评定学生的个人信息,通过班主任和辅导员对家庭经济困难学生的鉴定与评估,综合各方面信息做好家庭经济困难学生的认定工作。还可以组织师生利用寒暑假开展家庭经济困难学生家庭走访等社会实践活动,由负责资助工作的教师或者其他教师带队,由在校学生干部或者是家庭经济困难学生参加。这样既可以真实地了解家庭经济困难学生的情况,带去学校老师的问候,还可以有针对性地对参与的教师、学生开展教育,一举多得。浙江金融职业学院已经开展过多次类似的活动,笔者还专门组织参与家庭经济困难学生家庭走访的教师学生座谈,师生们普遍感觉这样的活动非常好,感觉自己受到了很好的教育,收益颇丰。

2.完善家庭经济困难学生资助考核与评审机制

以往保障型资助工作对家庭经济困难学生的资助评价以"结果式"为主,单纯的考察资助资金是否得到有效的使用,是否合理地分配给贫困生,缺乏对资助工作过程的监测。发展服务型资助工作体系中坚持"过程式"评价为主,秉持发展性原则,严格把关资助资金和物品的使用情况,侧重动态中检测和及时反馈资助工作中存在的问题,并且相应调整资助工作。

3.完善资助项目和资助标准的确认机制

根据国务院颁布的《国务院关于建立健全普通本科高校、高等职业学校和中等职业学校学生资助政策体系的意见》中的相关要求,同时针对高校自身特点与地区经济社会发展情况综合考量,制定适合本校家庭经济困难学生的资助标准和资助项目。其中资助项目是发展服务型资助工作体系的突出特点,它是在保障型资助的基础上积极设计开展家庭经济困难学生活动项目,在保障型资助更加注重"结果型资助"的同时,更加注重发展型资助的"过程型资助",以项目资助为主要形式,制定符合学生发展与成长特点的资助项目,用项目引导学生成长成才,使学生摆脱经济贫困的局面,并且获得一技之长。例如为其提供必要的经费支持,鼓励科研能力强的学生参与设计科技开发项目,或者参加"挑战杯"大赛等,使得家庭经济困难学生既可以通过项目获得经费解决生活困难,又可以增强学习能力,强化一技之长,增强自信心,获得能力和素质的提升。

（三）开展五项教育活动，确保发展服务型资助工作实效性

发展服务型资助工作体系区别于以往资助模式的显著标志是以学生为本，关注学生的生活需求，把资助与成才紧密相连，让家庭经济困难学生既摆脱物质贫困，又摆脱精神贫困。"在不同层次上，人文关怀追求的目标不同。在生活层面，人文关怀以消除贫困为目标；在价值层面，人文关怀以达到社会公平与正义为目标；在理想层面，人文关怀以实现人的全面而自由发展为目标。"①发展服务型资助工作着重关心家庭经济困难学生不同发展阶段的不同需求，有针对性地开展个性化的指导，帮助家庭经济困难学生提升能力，实现"授人以鱼"与"授人以渔"相统一。

发展服务型资助工作的目标是资助与育人结合，发展与成长并举，因此在发展服务型资助工作体系中积极开展大学生思想政治教育，通过思想政治教育工作的开展以增强发展服务型资助工作的实效性，真正做到资助与育人的结合。在大学生思想政治教育工作的引领下，通过开展五项资助教育实践活动，确保发展服务型资助工作的实效性。

1. 开展心理健康教育

解决贫困生的问题，最重要的是解决他们的心理问题。经济困难通过心理因素影响着家庭经济困难学生的学习和生活。发展服务型资助工作体系重视家庭经济困难学生心理健康教育，把帮助贫困生解决心理问题与解决经济问题放在同等重要的位置，不仅要关注"物质扶贫"，更要考虑"心理扶贫"。发展服务型资助工作在实施资助工作的整个过程中关心学生的情感体验与感受，让学生有尊严地获得资助。例如，在对家庭经济困难学生的经济状况调研、资助工作的认定、资助经费的发放等环节注重保护学生隐私；积极开设抗挫折教育，帮助家庭经济困难学生树立自信心；组织开展团队辅导，增强家庭经济困难学生的团队意识；开展对非家庭经济困难学生的教育，使之正确看待、主动关心帮助家庭经济困难学生，等等。

2. 开展励志教育

"励志教育是指应用教育心理学、教育激励学和教育管理学理论，激发和唤醒学生内动力，使学生从'被成长'中产生生命自觉，让学生用自己的力量成长，最终达到成人成才的目的。"②其中包括信念教育、道德教育、赏识教育。发展服务型资助在做好家庭经济困难学生经济方面资助的同时，更要重视家庭经济困

---

① 杨涯人，邹效维.论人文关怀的文化内涵[J].学习与探索，2008(2):49.

② "励志教育"[DB/OL].http://baike.baidu.com/view/1998535.htm,2014-5-18.

难学生的励志教育,通过开展励志教育,帮助家庭经济困难学生树立自信、自立、自强意识,帮助家庭经济困难学生克服"等、要、靠"的思想,使发展服务资助工作体系变成"资助—自助—助人"的良性发展模式。例如,组织开展"我的勤工俭学故事"征集,在"十佳大学生"评比中设立"励志之星",并通过各种媒介积极宣传家庭经济困难学生的励志成才故事,用以鼓励引导其他家庭经济困难学生成长,教育非家庭经济困难学生正确看待并主动关心家庭经济困难学生。

3. 开展感恩教育

中华民族历来是重视感恩教育的,懂得感恩,常怀感恩之心是一个人的良好品质。发展服务型资助工作体系中重视对家庭经济困难学生的感恩教育,通过开展感恩教育实践活动,让受助者懂得感恩,懂得回报社会,懂得帮助他人。例如,浙江金融职业学院学生资助中心组织家庭经济困难学生制作手工制品并将之无偿赠送给给予自己帮助的老师或者学生;组织开展"千名学生写万封书信",家庭经济困难学生给给予过自己帮助的师生写一封感恩信等活动,既教育家庭经济困难学生要有一颗感恩的心,又鼓励帮助家庭经济困难学生的师生继续"送人玫瑰"。

4. 开展诚信教育

发展服务型资助工作中开展诚信教育,让家庭经济困难的学生养成良好的诚信品质。诚信是安身立命之本,人无信则不立。一方面要帮助受助学生详细了解国家助学贷款的政策要求,关于违约还贷的严重后果,信守承诺,做合法公民,做到文明贷款,诚信还贷。另一方面结合高校自身特色,积极开展诚信教育活动,增强诚信教育的针对性。例如浙江金融职业学院紧扣金融行业特点,从职业素养和人生品格的交叉点入手,广泛开展诚信教育,设置诚信图书、发布诚信指数,公开招聘家庭经济困难学生参与诚信图书角的勤工俭学活动,使之在参与和组织开展诚信教育活动的同时接受教育。

5. 开展家庭经济困难学生综合素质培养工程

由于经济原因,导致高校的家庭经济困难学生的某些能力和素质相对较差。例如多数家庭经济困难学生的计算机学习力很差,一些学生在上大学之前根本就没有摸过计算机,进而存在着与非家庭经济困难学生的"数字鸿沟"现象;有的家庭经济困难学生的外语较差,有的缺乏业余爱好,自主活动兴趣不高,等等。而当家庭经济困难学生进入大学后,由于主客观条件的制约,他们缺乏时间和机会提升自我素质。发展服务型资助工作侧重于让家庭经济困难学生全面发展,成长、成才,使资助工作由"输血式"向"造血式"转变,组织实施家庭经济困难学生综合素质培养工程,提升家庭经济困难学生的综合素质,提高家庭经济困难学生自我发展的能力;组织开展家庭经济困难学生阳光就业工程、自主创业帮扶工程,标本兼治服务其发展。

五、案例共享:撰写书信　感恩明理

撰写书信　感恩明理
——浙江金融职业学院"千名学生写万封书信"活动

一直以来,浙江金融职业学院的帮困助学工作牢固树立"以生为本"的理念,以学院"关爱学生进步、关注学生困难、关心学生就业"的"三关"服务体系为统领,对家庭经济困难学生的帮扶始终做好"三个结合",即坚持经济资助与成长成才服务相结合、坚持思想教育与能力培养相结合、坚持普及化教育与个性化教育相结合,初步构建了全方位、全过程的发展服务型的学生资助工作体系。根据省学生资助管理中心统一安排和学院育人工作的实际情况,近年来,学院在每年"感恩季"期间开展了"撰写书信,感恩明理,励志进取——千名学生写万封书信"活动,取得了较好的育人效果。

一、活动背景

在近年开展帮困助学工作中,特别是开展"感恩季"系列活动中,我们发现学院千余名家庭经济困难学生普遍呈现自尊心强、自信心弱,情感丰富、表达能力弱,书面表达能力强、口头表达能力弱的特点,他们一方面接受国家和社会的资助,心存感激和感恩之情,另一方面却不知向谁表达这份感激,更不知道向谁表达决心和志向。

2010 年 3 月,学院启动了旨在对全体学生在校约一千天进行全过程培养的"千日成长工程","千日成长工程"中设计了"千名学生读万卷书"、"千名学生行万里路"、"千名学生写万封书信"等"六个千万"系列活动,活动以其覆盖面广,操作简单,教育内容生动,深受师生广泛欢迎。在仔细分析家庭经济困难学生特点和"六个千万"特点后,我们选择了"千名学生写万封书信"活动作为对家庭经济困难学生进行感恩明理教育和励志进取教育的载体。

二、活动的组织和实施

近几年,学院家庭经济困难学生大约在 1500 人左右,约占在校学生的20%,在平时生活中,他们不太愿意被外人了解,同时又渴望得到关怀。在开展帮困助学工作中,我们深切感受到"授人以鱼"不如"授人以渔"的道理,指导和帮助学生成立了旨在培养学生自立、自强的学生社团"绿色家园",凡是进入到家庭经济困难学生库的学生均可以自由加入"绿色家园",成为一名会员。"绿色家园"社团经常由学生自发开展各种活动,励志,励学,勤俭,自强,"千名学生写万封书信"就是通过学生社团来组织的。

每年"感恩季"活动开展期间,"绿色家园"社团的理事会在每一位家庭经济困难学生中广泛宣传,认真发动,组织同学们开展写书信活动。书信可以是写寄给父母的、母校的、老师的、学弟学妹们的,也可以是写给国家、写给未来的自己、写给资助自己的企业或个人的,还可以在教师节、感恩节来临之际以贺卡的形式写给老师们,表达感恩之心。"绿色家园"社团每年根据情况确定不同的信件主题,倡导学生从入学到毕业写十封信,每年还组织公开征集评选同学们的书信并进行汇编。

学院帮困助学中心为节省同学们开支,在"千名学生写万封书信"活动期间,还会为部分同学准备信纸、信封以及贺卡供家庭特别困难的学生选用,同时指导好社团对活动进行科学设计。

三、活动的育人成效

信纸很轻很薄,但透过信纸,家庭经济困难学生能够更简单地向爱自己的父母、曾经帮助过自己的老师和资助者述说自己真实的感受,表达自己深深的谢意;透过信纸,他们向学弟学妹诉说着自己的求学故事,向学弟学妹警示成长道路上的荆棘,成为他们求学道路上的指引者。信纸很轻很薄,但这份轻薄是家庭经济困难学生可以承受并付出的,通过撰写书信,学生更清晰地梳理了自己的大学生活状态、更明白了父母的辛酸、读懂老师的教诲。写完书信后,学生表示他们更加理解父母、老师和学校,更清晰现在的状况和能够做些什么,也更加明确了自己未来努力的方向。

自开展"千名学生写万封书信"活动以来,每年通过写信向父母、向老师、向学校、向社会表达感恩之情、报国之志的同学数千人次,一大批家庭经济困难的学生成长为专业能力强,技能优秀,懂感恩,懂回报的优秀大学生。他们中的郑婷,以阳光自强、感恩国家、奉献社会,被评为浙江省第二届"十佳大学生"、作为唯一的高职学生,当选为浙江省第十三次党代会代表,获得国家奖学金特别评审奖和浙江省十大成才先锋荣誉称号;他们中的骆垚菁,虽然身体残疾,家庭困难,但自立自强、知恩图报,被评为学院第七届"十佳大学生"特别奖;他们中的胡慧赟,虽然家庭经济困难,但阳光自信、勤奋好学、乐于助人,被评为学院第八届"十佳大学生"……他们中还有无数同学通过在校期间的学习,在校期间的锻炼,顺利就业,优质就业,毕业后对母校更是充满了感激之情,据第三方教育调查机构调查,我院毕业生对母校的满意度连续 4 年达到 97% 以上,对母校的推荐率达到 90% 以上。

此项活动先后被《浙江教育在线》和《浙江教育报》报道。

四、活动的育人优势

1. 成本低：无论是对学生个体，还是组织方，组织的经济成本和活动组织成本都很低，一个信封，几张信纸，一张邮票，就可以传达浓浓的感恩之情、拳拳回报社会之情。

2. 方便组织：不受时间、地点和空间的限制，借助发达的网络，尤其是移动互联网，结合已有的贫困生库，活动通知方便，组织方便，容易复制。

3. 育人效果好：书信曾经承载着数千年的沟通文化，是感情的寄托，是情感的交流工具，是让学生个体短时间远离喧嚣浮躁的社会，深刻剖析自我，感恩社会，激励自我的有效载体；一封书信，如果写给自己，写给未来，也承载着责任感和使命感；学院汇编的优秀书信对学弟学妹的成长发展有较强的指导和引领意义。

第五章　高职院校学生素质教育载体研究

第一节　高职院校学生素质教育载体构建研究

《国家中长期教育改革与发展规划纲要(2010—2020 年)》明确提出:"坚持以人为本、全面实施素质教育是教育改革发展的战略主题,是贯彻党的教育方针的时代要求,其核心是解决好培养什么人、怎样培养人的重大问题,重点是面向全体学生、促进学生全面发展。"在高等职业学校实施素质教育,合理使用高职学生三年在校 1000 天时间,促进学生健康成长、顺利毕业、优质就业、可持续发展既是贯彻规划纲要的要求,也是高职院校办学的重要任务。高职院校应该将学生在校 1000 天时间作为系统工程科学设计,统筹规划,构建全程育人机制。

一、高职院校学生素质教育载体构建的必要性

构建高职院校素质教育载体是适应高职学生特点的需要,是全面实施素质教育的需要,也是促进学生全面发展的需要。

(一)适应高职学生特点的需要

目前在校的高职学生基本上是 20 世纪 90 年代以后出生的,他们是在改革开放的社会大背景下成长起来的年轻人,他们处于人民生活由温饱向小康水平迈进的过程中,深受计算机网络的影响。与普通本科生一样,高职学生的政治观、人生观、价值观主流是积极向上的,他们爱国爱党,拥护改革开放;"他们有理想有抱负,时代感强,观念新潮;他们思维活跃,接受新事物快,知识面广,独立意识强;他们兴趣广泛,尤其在体育、艺术和表演方面特长突出,潜能较大。"[①]但与此同时,与普通本科生相比,他们又有着自己的不足之处:一是文化基础薄弱。

---

① 赵学峰.基于高职学生特点管理思路探讨[J].科教文汇(下旬刊),2010(4):165.

"2011 年全国高等职业院校招生数为 325 万人,占普通高校招生总数的 47.7%。"①目前"高职入学方式可分为三类:第一类是仍然采用全国统一高考(全国或省市命题)为入学考试,这是当前高职入学的主要方式;第二类是 3 种单考方式,或是专门针对中职生,或是高职学校提前单独进行考试招生,本质上区别不大且所占比例较小;第三类是在少数省市范围内统一进行的高职入学方式改革,以 3 门本科统一高考科目语、数、外成绩为录取主要依据,以部分学业水平考试科目成绩或技术课成绩为录取前提"②。而在全国统一高考入学的学生中,高职学生基本上是各省市高考中最后一批被录取的对象,与本科生相比,其文化基础相对薄弱。同时,高职院校的不同入学方式导致了学生受教育的差异性和价值观的多元化。二是父母的教育水平相对较低。麦可思调查数据显示,"88.1%的 2011 届高职毕业生为家庭第一代大学生,并且连续三届稳定在这一比例。"③由于多数高职学生的父母未接受过高等教育,在一定程度上削弱了家庭对子女更好地接受高等职业教育的影响。三是心理素质不高。由于文化基础相对薄弱,进入高职的这批学生在高中阶段往往较少得到老师们的重视和关心,加之社会对高职的认可度低,部分高职院校存在着办学质量低下的现象,一定程度上影响着高职学生的自信心。四是对职业教育知之甚少。由于在高中阶段的高考压力以及相关职业知识介绍的缺少,入校前多数学生基本不了解职业教育。基于以上原因,教育主管部门和相关院校应分层分类、分年级和专业构建高职院校全过程育人机制,使其了解并适应职业教育,热爱所学专业,树立自信心,合理确定他们在高职院校的目标并努力实现这一目标。

(二)全面实施素质教育的需要

"高等职业教育规模的扩张发端于 20 世纪 90 年代中期,高峰出现在 2005 年前后,此后逐渐趋于一种动态的稳定。"④经过 10 余年的快速发展,高等职业教育学校的数量和学生的数量均占高等教育的半壁江山,高等职业教育的发展取得了巨大的成就。在看到成绩的同时我们也要看到,一些高职院校在强调数量扩张时忽略了质量的提升,一些高职院校"过分强调就业导向,一定程度上弱化了育人功能,致使高职院校的人才培养出现功利化的趋势。"⑤因此,深入实施

① 上海市教育科学研究院,麦可思研究院.2012 中国高等职业教育人才培养质量年度报告[N].中国教育报,2012-10-17(5).
② 王健,丁秀涛.对高等职业教育入学制度改革的再思考[J].中国高教研究,2012(8):97.
③ 上海市教育科学研究院,麦可思研究院.2012 中国高等职业教育人才培养质量年度报告[N].中国教育报,2012-10-17(5).
④ 孙晓峰,吴一鸣.找准方向　推进高职教育区域化发展[J].中国高等教育,2011(17):44.
⑤ 孙晓峰,吴一鸣.找准方向　推进高职教育区域化发展[J].中国高等教育,2011(17):44.

素质教育是高等职业教育提升办学质量、深化内涵建设的措施之一，是高等职业教育在当前和今后很长一段时期内的主要任务。

"素质是指人在先天生理基础上，经过后天教育和社会环境的影响，由知识内化而形成的相对稳定的品质，它是决定主体内心活动和外在行为的关键因素，是可塑的。"[①]"素质教育是一种教育思想，它以提高学生总体素质进而提高国民素质为最终目标，强调综合运用遗传和环境的正面作用，调动学生认识和实践的主观能动性，形成理想的教育合力，促进学生生理与心理、智力与非智力、认知与人格等因素主动而和谐的发展，促进人类文化向学生个体身心品质的内化及个体精神境界的提升，为学生进一步发展奠定良好的基础。"[②]瑞士著名教育家裴斯泰洛齐曾说："为人在世，可贵者在于发展，在于发挥各人天赋的内在力量，使其经过训练，使人能尽其才，能在社会上达到他应有的地位。"对于高职素质教育，我们认为可以用裴斯泰洛齐这句话给以更好的诠注。高职院校做好素质教育，就是要做好教育培养工作，最大限度地开发学生的潜能，创造一个有利于激发学生潜力、激活学生内涵的体制机制和氛围环境，探寻一个有利于实施素质教育的全过程育人载体。

(三)促进学生全面发展的需要

高端技能型专门人才是以"高端技能"为核心的全面发展的人才。熟练的操作技能和良好的实践能力是高职学生就业的优势，也是大多数高职院校教育教学工作的重点。但是，如果高职教育片面强调学生的操作技能和实践能力，而忽视其他方面的能力，培养出来的学生只能是"畸形的人"，而不是"全面发展的人"。"全面发展"是育人的本质要求，是马克思主义育人观的核心所在，也是符合我国全面建设小康社会的总体目标的。"人的全面发展是就个人自身各方面的发展而言的，就是指人的潜能、需要、活动、能力、社会交往关系和个性都能得到充分和全面发展，其中人的能力的充分发展是核心。"[③]教育是实现人的全面发展的重要方法。马克思指出："教育不仅是提高社会生产的一种方法，而且是造就全面发展的人的唯一方法。"[④]通过全程育人机制的构建，使高职学生获得知识、素质和能力，获得学习知识和提高技能的方法，掌握各种技能，学会做人与做事，把学生培养成为具有创新精神和实践能力的高端技能型专门人才，成为高

① 段志坚,毛尚华,刘金高等.关于高职学生素质教育体系构建的研究[J].中国职业技术教育,2012(24):86.
② 贾永堂.走出误区 推进高校素质教育深入发展[J].中国高等教育,2011(15/16):15.
③ 李杰.马克思开辟的人学道路及其当代价值[M].北京:人民出版社,2012:78.
④ 马克思恩格斯全集(第23卷)[M].人民出版社,1972:530.

职全程育人机制的价值目标。

二、高职院校学生素质教育载体构建的原则

（一）生本理念，科学发展的原则

素质教育从根本上说是为了促成学生的全面发展和科学发展。为此，教育载体的设计应从学生的发展出发，着眼于学生成人成才内驱力的激发，实现教育工作者的全员参与，调动学生个体的主动参与，面向全体学生，面向学生的全面发展。

（二）顶层设计，整体规划的原则

学校要将素质教育当作人才培养的一个系统工程进行顶层设计，总体规划，将素质教育理念体现在具体的教育教学的活动中，体现在校企合作、工学结合的具体教学环节中，形成学校、企事业、学生、家庭、社会共同育人的一个整体。

（三）分层分类，因材施教的原则

既要按照学生的入学类型、地域，学生所在的年级、专业进行分层分类教育，也要考虑个体差异，因材施教；既要深入了解学生的思想、学习、心理、生活实际情况，有的放矢地开展教育，也要发挥学生的自我教育、自我管理、自我服务的作用，增强素质教育的实效性。

（四）教育管理，服务发展相结合的原则

教育管理工作是维护校园安全稳定，保护学生健康成长的基础，服务工作是提升学生素质，促进发展的重要手段，在各项教育、管理、服务中要贯彻对学生的素质教育，促进学生发展，推动学生的成长成才。

三、高职院校学生素质教育载体的构建

"素质教育的内涵极其丰富，涉及生理素质、心理素质、政治素质、思想素质、文化素质、业务素质等各个方面，因而在教育的各个不同阶段、各种不同类型的教育，素质教育的侧重点都有所不同。在高等学校实施素质教育，思想道德素质是根本，专业素质教育是主干，身心素质教育是保障，而文化素质教育是基础。"[①]构建素质教育载体，就是要构建有利于"全员育人、全过程育人、全方位育人"的载体，就是要构建有利于学生素质提升和发展的载体。

（一）在教学工作中积极实施素质教育

课程体系是高职院校实施素质教育的重要途径。我们要紧扣高职教育的培

---

① 谭属春.论高职院校素质教育的特点及其实现途径[J].高等工程教育研究,2010(2):80.

养目标和高职院校素质教育的特点,深化素质教育课程体制改革。具体来说,一是突出思想政治理论课在大学生思想政治教育中的主渠道作用。深化思政理论课程教学改革,将教材内容结合所在地区、所在学校和学生的专业特点转化为教学体系,增强思政理论课程的吸引力和感染力,做到贴近实际、贴近生活、贴近学生;注重理论与实践相结合,组织开展结合课程内容的实践活动,强化思政理论课的实践教学环节;改变考核方式,既有理论考试的方法,又结合学生的实践论文、读书心得、课堂发言和表现给出综合评价。二是结合所在学校及专业特点,适度开设形式多样的人文素质教育选修课程,举办丰富多彩的活动对学生进行人文素质教育。三是在专业教育中渗透素质教育,实现两者有机融合。在进行专业教育时,要坚持能力导向,深化以校企合作、工学结合为核心的人才培养模式改革,积极探索任务驱动、项目教学、工作过程系统化学习、情境设计等与素质教育相适应的教学方法,提高人才培养质量。在进行专业教育时,要注重职业素质训导,有意识地融入素质教育的内容,让学生的综合素质进一步内化和升华。在进行专业教育时,要把教师的职业精神融入专业教学中,注重培养教师的双师素质、培育教师的敬业奉献精神、提升教师的市场意识和教学能力、发挥教师的爱生理念和行动,努力建设一支符合高职院校素质教育要求的高素质专业教师队伍。

(二)积极开展养成教育

没有规矩,不成方圆。萨克雷说:"播种一种行为,收获一种习惯;播种一种习惯,收获一种性格;播种一种性格,收获一种命运。"通过深入细致的思想政治工作,严格的学生日常教育管理、考核以及调动学生发挥自我教育、自我管理、自我服务的积极性,规范学生的行为,形成良好的习惯,在潜移默化中使大学生真正把学校所提倡的理想、目标、纪律、公德等变成自己的思想和行为,升华成思想政治素质和道德品质,最终达到使学生思想转化和素质提升的目的。

(三)注重校园文化熏陶

"校园文化是指在大学育人环境中,以学生为主体,以教师为主导,以促进学生全面成长成才为目标,由全体师生员工在教育、教学、科研、管理、生活等各个领域互相作用、共同创造的物质财富和精神财富的总和。"①校园文化的影响是潜移默化的,是学校实施素质教育的重要载体之一。高职院校应结合学校的实际情况,建设体现地方特点,突出学校特色,深受学生喜爱的校园文化。首先,从物化角度而言,做好校园的总体规划,在校园环境、硬件建设上要体现校风、学

---

① 苗丽芬.大学生日常思想政治教育实效性研究[M].北京:高等教育出版社,2009:130.

风、教风,突出学校办学历史和专业特色,营造健康向上、和谐有序、体现高职院校办学特点的环境文化,发挥校园环境育人功能。其次,突出学校特点,凝练大学精神。如提出学校的办学理念,凝练学校的校训、校歌、校徽,弘扬体现校园精神的校园文化氛围,等等。再次,要开展丰富多彩的体育、文艺、文化、思想以及学校专业特色的校园文化活动,大力加强学生社团建设,既给学生提供观看欣赏的机会,又给学生参与组织活动的机会;既丰富学生业余文化生活,陶冶学生的情操,又给学生提供延伸专业学习、发挥专业特长的平台;既提升学生的能力,又在潜移默化中提升学生的素质。

(四)积极开展实践育人活动

实践的观点是马克思主义哲学的首要和基本的观点。人类是在生产劳动的实践中诞生和发展起来的,每个人的成长与发展都离不开实践,都要接受实践的检验。在新形势下,坚持教育为社会主义、为人民服务,坚持教育与社会实践相结合,以培养学生的创新精神和实践能力为目标,是贯彻党的教育方针的具体体现,是培养德智体全面发展的中国特色社会主义事业合格建设者的必然要求,是中国特色社会主义高等教育的重要特征之一。高职院校应充分发挥实践育人作用,将实践作为重要的教育途径与手段,有效提升人才培养质量,促进学生成长成才,促进高职教育事业健康发展。加强实践育人工作应以实践教学、军事训练、社会实践活动等为主要内容,以提高大学生的思想道德素质、专业能力、就业创业能力、创新创业能力等为主要任务,分阶段、分步骤,全面铺开实践育人活动。首先,加大实践教学比重。各专业群要结合专业特点,梳理知识体系,合理设计实践教学环节,坚持"学生实践能力培养三年不断线"的思路,优化人才培养方案,建立起与理论教学有机结合的实践教学体系,使实践性教学达到50%以上。各任课教师要不断丰富实践教学内容,引导学生在探索中学习、在实训中练习、在社会实践中成长,促使学生了解国情、体察社会、感受民意,培养学生正确的世界观、人生观、价值观。其次,拓展学生实践途径。要把实践育人扩展到第二课堂的各类教育活动中,充分利用主题实践活动、社会实践、学科竞赛、科技竞赛等活动为大学生搭建自主创新、自我成才的舞台。再次,建设实践育人精品项目。以"依托专业优势,解决实际问题"为目标,全面统筹课内课外、校内校外等多种教育因素在人才培养过程中的综合作用,努力打造一批实践育人精品项目,培养大学生做大事、成大业的勇气,提升学生第二课堂的文化内涵和艺术格调,从而提高校园文化的整体品位和质量。第四,充分发挥学生主动性。学生是实践育人的对象,也是开展实践教学、军事训练、社会实践活动的主体。要充分发挥学生在实践育人中的主体作用,激发学生参与实践的自觉性、积极性。要支持和引导班级、社团等学生组织自主开展社会实践活动,发挥学生在实践育人中的作用。

第二节　高职院校学生素质教育载体案例

素质教育已经成为高职院校培养高端技能型人才的必由之路,是贯穿高职学生教育的主线。但是在具体实践中,高职素质教育的实施面临着整体观念缺乏、管理条块分割、学生自主意识薄弱等问题,往往使高职素质教育成为技能教育或专业教育锦上添花式的"补充",无法真正渗透到人才培养的各个环节,彰显高职育人的类型特色。自 2007 年以来,浙江金融职业学院学生"千日成长工程"以撷取学生学校教育一千日之光阴,谋其学业与职业生涯之可持续发展为愿景,经过系部试点,全院推行,六年来在统筹学生素质教育工作、整合素质教育资源、引导学生高职学习和生活上取得了显著成效,形成了包括学生成长档案、素质教育团队、科研成果在内的系列教学成果。现将浙江金融职业学院学生"千日成长"育人平台探索介绍如下:

一、学生"千日成长工程"简介及解决的主要问题

2007 年,浙江金融职业学院会计系提出并实施了学生"千日成长工程"。为了巩固示范院校建设成果,推动学院由示范走向卓越,2010 年年初,浙江金融职业学院进一步明确了建设"国内一流、国际知名"的高职院校的办学目标,实施了"985"工程,提出并实施了"三千"工程,即校企合作"千花盛开工程",教师"千万培养工程",学生"千日成长工程"。学生"千日成长工程"以提高人才培养质量为目的,统筹规划学生成长成才途径,切实加强学生的文化知识学习和思想品德修养,不断提高学生的创新思维和社会实践能力,注重学生的全面发展和个性发展,通过创新机制和载体,将学生培养成为既能面向基层一线,又有一定可持续发展能力的高素质应用型人才。

（一）系统设计,注重整体推进

浙江金融职业学院将"千日成长工程"与专业人才培养方案相结合进行系统设计,使之成为联动人才培养模式改革的重要抓手及内容,并成立了"千日成长工程"领导小组统筹全院素质教育工作。领导小组涵盖教务处、学生处、科研师资处、宣传部、招生就业处、计划财务处、后勤服务中心及各系部,使其成为包含制度建设、内容设计、载体选择、活动开展等项目的系统工程,健全了素质教育工作机制,凝聚了育人合力。七年来,浙江金融职业学院出台了《关于全面实施"千日成长工程",切实提升人才培养质量的若干意见》、《学生"千日成长工程"实施方案(试行)》和《学生"千日成长工程"课外教育实施方案(试行)》、《关于进一步

加强实践育人工作的实施意见》等规章制度,连续三年向全体新生发放了《新生入门指南》,向万余名学生发放了各系结合专业特点编印的《千日成长指南》和《千日成长评估》,向刚入学新生发放了《学习生活指南》,使素质教育得以贯穿学校教育始终和各个领域。

(二)实践主线,强化平台支撑

突出实践育人功能,通过优化实践项目设计,在"千日成长工程"中融入认知实习、专业实习、工学交替、顶岗实习等实践教学环节,并设置 2 个学分的社会实践专项,进一步强化服务社会的各项调研和志愿者服务,增强学生公民意识,使"千日成长工程"成为推动学生职业核心能力和综合素质协调"生长"的重要力量;同时,在"千日成长工程"实施中不断完善实施平台建设,整合素质教育资源。在强调以各系部为实施主体、充分体现专业教育特点的基础上,架构学院素质教育平台,包括:深化明理学院,重点面向大一学生开展以"明德理、明事理、明学理、明情理"为内核的思想素质教育;强化银领学院,以占毕业生 40% 的订单培养为载体,重点面向大三学生开展富有金融特色的职业素养教育;创设淑女学院,实施针对占全院学生数近八成的女生群体的素质教育,通过内修、外塑、才技类课程教学,培养别具气质和才情的高职新女生;设置笃行创业学院,鼓励、指导在自主创业、科技创新等方面有特长的学生率先实践;设置公民素质教育学院,进一步加强学生公民意识及行动教育。

(三)学生主体,指向可持续发展

浙江金融职业学院将爱生文化与素质教育结合,不断创新素质教育的模式和方法。

第一,牢固树立以生为本的理念。建院之初,学院提出并构建了以"关爱学生进步、关注学生困难、关心学生就业"为主要内容的"三关"服务体系;2008 年,学院将 5 月 23 日确定为"爱生节",谐音为"吾爱生";2010 年,学院提出并将"有利于学生健康成长,有利于学生素质提升,有利于学生就业创业,有利于学生可持续发展"作为检验育人工作得失成败的衡量标准,促进了人才培养质量的提高;2011 年,该校将 11 月 23 日确定为深化"爱生节"活动日,寓意为爱生为本,爱生为办学的第一理念。每年"爱生节"学院均举办订单班招聘会,每年深化"爱生节"活动日,该校均举办毕业生供需见面洽谈会,并且在 5 月 23 日、11 月 23日开展由全体领导、教师分系、分年级参加的与全体学生的"零距离交流"活动。

第二,强化学生对于自身大学、职业生涯的自我规划、自我管理、自我实现。目前已积累了万余名学生的"千日成长记录",这生动地反映了学生在校期间的成长轨迹,同时,组织班主任教师开展检查点评活动,有效地指导了学生的发展。

第三,注重新媒体在素质教育中的应用,利用微博、网络教学平台等学生喜闻乐见的方法吸引学生对于社会热点问题、大学生关注话题的自主探究、讨论。

第四,创新活动载体,以贴近学生的方式开展素质教育活动,结合课程改革,创设贯穿第一、第二课堂的项目活动,如校园保险营销、模拟证券大赛、秘书大赛、国际商务礼仪大赛等,旨在帮助学生养成良好的生活或职业习惯,从而更好地支撑其可持续发展。

二、学生"千日成长工程"的理论依据

学生"千日成长工程"的理论依据是社会心理学理论、认知结构理论和人与环境互动论。社会心理学理论认为,大学生成长是由一个多种要素共同组成的过程,这些要素在不同的发展阶段所处地位的重要程度不同,对于大学生成长的促进作用也各有不同,因此,大学生成长规律既是各个成长要素的发展规律的统一,又是不同阶段规律的统一。如埃里克森的生命周期理论和奇克林的变量理论。认知结构理论认为,环境所划分的成长阶段与学生年龄虽不直接相关,但个体对环境的认知及矛盾有助于个体发展及成长。如皮亚杰的认知心理学。人与环境互动论认为,要重在描述环境与学生之间的关系,强调校园环境对学生成长的影响和作用。该理论指出学校需要尽可能创造多样的条件帮助学生成长,为不同类型学生设计各种不同的发展规划,积极营造适合学生发展的物质环境和精神环境,确立科学合理的学生发展效果评估机制和工具。同时,学生也需要主动寻找自身健康成长的机会,参与群体的学习和发展过程。如阿斯汀(Astin)的大学影像模式和丁托(Tinto)的辍学理论。

以上三个理论均说明学生的成长是与环境直接相关的,一个良好的育人环境对于学生成长成才是非常重要的,同时也说明我们可以构建一个有利于学生成长成才的健康向上的良好环境。

三、学生"千日成长工程"解决问题的方法

学生的成长贯穿于学校教育教学的全过程、全方位和全体人员,如何有效整合资源做好教学工作是解决教学问题的重要方法,是学生"千日成长工程"的重要任务之一。学院出台了《关于进一步推进全员育人、全过程育人、全方位育人的若干意见》,并采取切实有效的措施强化了"三全育人"工作。

第一,建立了学院素质教育实施机制,实现了"全员育人"。学生"千日成长工程"打破了传统素质教育实施和管理中条块分割的瓶颈,强化了系部主体、职能部门统筹的实施机制,将教学管理和学生管理有机结合,将学院平台建设和学生自主发展有机结合,凝聚了学院育人的资源和力量。

第二，融入专业人才培养方案进行整体设计，实现了"全程育人"。学院将"千日成长工程"与思政课程、财经类基础课程、实训课程、实习环节紧密结合，涵盖从始业教育到毕业教育，使千日成长成为贯穿各个重要人才培养环节的主线，切实将学生发展作为学校教育的逻辑起点和归宿。

第三，促进学生专业核心能力和综合素质的协调发展，实现了"全方位育人"。强化第一课堂和第二课堂的内在联系，将课堂教学、校园文化育人、实践育人有机结合，既注重提升学生面向职业岗位的竞争力，又强调拓展学生应对社会发展和职业变迁的综合素质，既关注学校教育，又融入社会课堂，更好地整合了学校和社会的教育要素和资源。

四、学生"千日成长工程"的创新点

在实施"千日成长工程"的过程中，浙江金融职业学院在继承过去好的做法的基础上，注重开展基于工作的研究，并将研究成果转化为推动工作的动力，进一步做好了学生的教育引导工作，该成果具体创新点如下：

第一，素质教育机制创新。成立"千日成长工程"领导小组，面向学生发展需求，以学生在校1000天左右的学习、生活为主线，凝聚学院育人力量，确立了全院统筹、系部主体、部门协调的全新素质教育机制。

第二，素质教育平台创新。根据学院财经类高职院校的专业和学生性别结构特点，建设了明理学院、银领学院、淑女学院、创业学院、公民素质教育学院等素质教育实施平台，将思政教育、职业素质培训、女性教育、创业教育和公民素质教育有机融合，调动全体教师参与，整合了素质教育资源。

第三，素质教育模式创新。强化学生自我规划、自我探究、自我发展、自我实现等自我管理能力的培养，结合学院的课程教学改革，创设实践项目，打通第一、第二课堂，充分利用各类活动载体、网络媒介，改变传统被动式、灌输式的素质教育模式，促进学生自主学习。

五、学生"千日成长工程"的推广应用效果

(一)面向全体学生，促进学生成长成才

经过三年的试点探索和四年的全面实施，"千日成长工程"成果直接受益学生近2万人。浙江金融职业学院学生的成才效果明显，初步形成了"千日成长、百花盛开、人人成才"的育人局面。从2010年到2013年，学院每年获得省级以上奖励的学生人次以50%的速度递增——2013年达600人次。学院郑婷同学荣获浙江省第二届"十佳大学生"荣誉称号并于2012年当选为浙江省第13次党的代表大会唯一的高职院校学生党员代表。通过实施学生"千日成长工程"，进

一步提升了学生的综合素质和可持续发展力。多数学生在校园内能够做到见到老师主动问好,自觉做到在课堂上不使用手机,课堂上形成了"有互动、无振动;有掌声、无铃声"的良好氛围,学院学生的文明素养明显提升。学院职业技能协会获得"浙江省十佳学生社团"荣誉称号,校学生会荣获"浙江省优秀学生会"荣誉称号,学生连续两届获得浙江省"挑战杯"创新创业大赛特等奖等。学生就业率连续多年保持在96%以上,其中,金融系统订单培养数量占毕业生人数的40%以上。学生就业率连续四年保持在97%以上。根据第三方调研机构麦可思数据有限公司的《浙江金融职业学院社会需求与培养质量年度报告(2013)》显示,2012届毕业生愿意推荐母校的比例为84%,对母校的满意度为97%,分别高于全国示范性高职院校平均水平14%和6%,说明了学生对于学院的高度认同。

(二)理论与实践结合,形成系统研究成果

在学生"千日成长工程"的实施过程中,学院形成了系统的素质教育研究成果。四年来,出版成果相关的素质教育专(编)著3本;开展的省级以上课题2项,立项厅级研究课题达10余项;在《中国高教研究》、《中国高等教育》等教育类核心期刊上发表相关学术论文20篇;形成面向在校生及企业用人满意的调研报告6篇,确定了常规化、科学化的素质教育工作调研机制。

(三)拓展社会影响,彰显示范引领作用

2013年,作为唯一一所高职院校代表,浙江金融职业学院党委书记周建松在第22次全国高校党的建设工作会议上就该工程做了专题交流。2012年8月,浙江金融职业学院申报的案例"'千日成长'与'素质教育'——浙江金融职业学院学生'千日成长'工程纪实"、"高雅 睿智 唯美 塑造现代职业淑女——浙江金融职业学院淑女学院创设"均被浙江省委教育工委、浙江省教育厅选为2012年全省高校教书育人典型案例。我校顺利完成了团中央分类引导青年试点工作,有3个案例入选《全国分类引导青年案例汇编》,2个案例入选《全国分类引导青年电教片》。社会对浙江金融职业学院构建的学生"千日成长"课外育人平台也给予了广泛的好评。2010年5月11日,《中国青年报》以"从纸上谈兵到眼睛看用腿跑"为题,专题报道了金院的"千名学生评万象风云"、"千名学生行万里路"活动。2011年8月,《教育信息报》以"'三千'工程育英才"为题报道了金院学生"千日成长"课外育人平台。2013年4月15日,《浙江教育报》以"在校一千日 成长每一天"为题报道了该工程。2012年,"千日成长工程"获得学院第五届教学成果特别荣誉奖。2012年,《今日早报》以"窈窕淑女"为题,整版图文报道了淑女学院;《中国青年报》、浙江在线等媒体以"浙江金融职院有个爱心微博 学生数次因其献血助人"为题,报道了金院学生无偿献血助人活动;浙江在线以"金融职院老师费时学方言　电话家访拉近家校距离"为题,报道了该校班主任老师电话家访活动等。

浙江金融职业学院领导与职能处室及有关系部的负责人、教师多次在有关场合公开报告,介绍推广学生"千日成长工程",并向省内外以及部分国外来访及学院学习考察的高校宣传介绍了学生"千日成长工程"。

六、案例共享:零距离沟通关爱金院学子　零过渡上岗彰显示范成效

2011年,在创先争优活动中,浙江金融职业学院党委推荐的"零距离沟通关爱金院学子　零过渡上岗彰显示范成效"入围了浙江省教育厅创先争优典型案例,从一个方面体现了学院各级党组织在学生"千日成长工程"中发挥的育人堡垒作用。

零距离沟通关爱金院学子　零过渡上岗彰显示范成效

浙江金融职业学院学生管理服务党支部

浙江金融职业学院学生管理服务党支部由学工部(人武部)、学生处、团委、招生就业处、保卫处组成。在创先争优活动中,在学院党委的领导、支持下,支部开展了"零距离沟通关爱金院学子,零过渡上岗彰显示范成效"主题活动,在全院范围内掀起了"关爱学生进步、关注学生困难、关心学生就业"的高潮。

一、主题创意

为牢固树立以生为本的理念,深化"三关"服务体系,提高教育管理服务水平,学生管理服务党支部积极组织开展了"零距离沟通关爱金院学子,零过渡上岗彰显示范成效"主题教育活动。以有利于学生健康成长,有利于学生素质提高、有利于学生就业能力增强,有利于学生可持续发展为出发点和落脚点,进一步沟通师生情感,推动全员育人工作,推动学生优质就业。

二、主要做法

一是策划举办20多场师生零距离沟通活动。2010年12月15日,举办了"零距离倾听,零距离对话,零距离沟通"师生沟通会,包括"传递思想声音,倾听学子心声"——学院领导与学生共话"十二五"、"倾听学生学习愿望"——系主任、专业主任、教研室主任与学生代表面对面、"关注学生发展诉求"——党总支书记、辅导员、班主任与学生代表面对面、"了解学生生活需求"——行政机关、后勤服务部门与学生代表面对面、"走进教室,愉悦沟通"——全体任课教师与学生面对面等多个场次的活动,全院7500名学生全部参与其中。2011年4月13日,开展了"师生零距离"交流活动,分别在大学二年级和大学一年级中开展,前者以"加强就业指导,深化六业贯通"为主题,包括"加强就业指导,深化六业贯通"——学院领导与

学生面对面、"积极实施订单培养,引导学生理性择业"—专业教研活动、"关心学生就业,全员全程指导"—专兼职教师与学生面对面等活动,后者以"师生交流,教学相长"为主题,包括"以学督教,教学相长"—教务处与学生代表面对面、"以教促学,以生为本"—专业教研活动、"愉悦沟通,精业爱生"—任课教师与学生代表面对面等活动。2011年5月23日,举行庆祝第四个"爱生节"沟通会,让老师和校友始终关心学生成长、发展和就业,让全校上下始终确立"以生为本"的育人理念,让学生成为教育的真正主体。

二是开展了"党员示范岗"创建活动。为进一步将党员服务群众落实到实处,促使创先争优活动与教育事业的改革发展和学院当前工作重点有机结合,进一步增强党员创先争优意识,提升管理服务水平,支部开展了"党员示范岗"活动,党员干部争做"管理服务标兵"。坚持深入落实中层干部联系系部(或专业)、教工党员联系学生班级(或学生寝室)和困难学生制度,进一步推进了党员联系师生、深入基层、了解民意、解决困难工作,发挥了党员先锋模范作用。

三是开展就业质量跟踪调查。为全面了解毕业生的工作状况和就业质量,更好地掌握社会和用人单位对学校毕业生素质、教育教学质量、人才培养工作水平的综合评价,为学校教育教学改革、专业建设以及有针对性地开展学生思想教育和就业指导服务提供数据支撑和现实依据,支部组织第三方对2009届毕业生进行了全面的就业质量跟踪调查,通过对调研结果的分析、反馈,为学院进一步提高管理水平,提升教育教学质量提供了良好的依据。

四是组织开展"走访行业企业,推进订单培养"活动。本着"以生为本"的教育理念,支部将创先争优活动与2012届就业工作有机结合,在学院领导的亲自带领下,组织开展了"走访行业企业,推进订单培养"活动,共走访了60余家企事业单位。该活动有效地拓展了就业市场,拓宽了就业渠道,达到了就业与上岗零过渡的目的。教育部专家、上海教科院职成教研究所所长马树超研究员对我学院订单人才培养模式做出如此评价:"学院订单人才培养实现了培训和教学相结合,缩短了岗位和教学的距离;订单培养的价值在于能够将企业的用人竞争前移,在产学合作上形成'赶集'效应,具有制度化意义,非常具有推广价值。"

三、成效与反响

诸多交流活动,践行和深化了学院"以生为本"的理念,进一步完善了学院的"三关"工作体系,并与学院一直以来坚持的书记、院长信箱、院领导接待日等制度共同形成了师生零距离沟通的机制,取得了师生沟通零距离,情感交流零间隙的良好效果。同时,也确保了2012届学生订单数量和质量。到目前为止,共有40余家单位在我院开展订单培养工作,我院进入订单班级学生总数占毕业生人数的50%以上。支部的工作也得到了学院党委的肯定,2010年,支部被学院党委评为先进基层党组织;2011年,支部被学院党委评为卓越党组织。

七、案例共享:深化学生"千日成长工程"　推进立体化育人体系建设

2014年3月5日,浙江金融职业学院召开学生"千日成长工程"推进大会。现将该校校网相关报道稿及议程共享如下。

我的大学　我的千日成长
——学院召开2014年学生"千日成长工程"推进大会

为进一步深化学生"千日成长工程",完善立体化育人体系,培育"懂做人、精专业、能做事"的优秀职业人,学院于3月5日下午在金葵花艺术中心召开"我的大学,我的千日成长"——2014年学生"千日成长工程"推进大会。学院党委书记周建松、副院长王琦、副院长方华、院长助理郭福春出席大会。教务处、学生处、招生就业处、团委负责人、各系(院)领导班子,全体班主任、辅导员与1100余名学生代表参加了大会。大会由副院长王琦主持。

党委书记周建松在推进大会上发表重要讲话。在讲话中,周建松阐述了"千日成长工程"的由来、内涵及品牌价值。周建松指出,"千日成长工程"是"以生为本"理念和全员育人体系建设在浙江金融职业学院的创造性实践,它从当前我国高等职业教育三年学制的特点出发,把学生从入学到毕业大约1000天左右的时间,设计成一个贯穿三年,从始业到毕业,包涵课堂学习、课外活动和顶岗实习在内的全程育人工程,通过学校的组织发动、体制构建、教师的积极参与,启发学生的行为自觉和环境的构建,进而使其成为一个"健康成长、天天成长、人人成长、全面成长、快乐成长、持续成长"的立体化育人工程。周建松强调,站在新的历史发展时期,从全面建设更高品质的幸福金院、建设百年品牌的高度,我们应该进一步提升高度、进一步激发自觉、进一步强化实施、进一步加强研究、进一步注重激励、进一步拓宽视野,努力把学生"千日成长工程"打造成为让一届又一届学生终身受益的经典佳作。

副院长方华在会上作了题为《深化学生"千日成长工程"　助推立体化育人体系建设》的工作报告。她分别从学生"千日成长工程"的指导思想、主要做法、实施成效以及进一步深化学生"千日成长工程"的目标及举措等方面入手,全面回顾了学生"千日成长工程"在助推学生成才等方面所发挥的作用和取得的成效,科学谋划了今后学生"千日成长工程"的推进举措,描绘了立体化育人体系的清晰蓝图。方华希望全体师生能够以坚决的行动和扎实举措巩固和深化学生"千日成长工程",积极践行金院人"共建共享幸福金院,永创永续金融黄埔"的核

心价值理念,让学生能在金院的 1000 天里优质成长成才。

　　大会还对获得 2013—2014 学年第一学期"学风示范班"的 38 个班级予以表彰。教师代表、会计 13(3)和 13(4)班班主任施金影老师,学生代表、金融 13(6)班周其亮同学分别在会上发言。

　　为更好地总结学生"千日成长工程"工作,展示"千日成长工程"促进学生成长成才的各个侧面,推动专业教育、素质教育和生涯教育的有机融合,会议在第一阶段还用 VCR 视频从"我的班级、我的社团、我的寝室、我的手机、我的单位"五个侧面现场展示了各系(院)的学生"千日成长工程"实施成果。

我的大学·我的千日成长

——浙江金融职业学院 2014 年学生"千日成长工程"推进大会议程

　　时间:3 月 5 日下午 15:30

　　地点:金葵花艺术中心

　　主席台领导:周建松书记,盛健院长,姜进副书记,王琦副院长,方华副院长,
　　　　　　　教务处、学生处、招生就业处负责人

　　参会人员:各系(院)领导班子,全体班主任、辅导员,学生处、团委全体人员,
　　　　　　　学生代表

　　主持人:王琦

　　一、VCR 展示部分(涵盖第一、二、三课堂,结合专业教育、素质教育和生涯教育,每段视频不超过 3 分钟)

　　1.我的班级(学习学风);

　　2.我的社团(团队建设);

　　3.我的寝室(自我服务);

　　4.我的手机(自我管理);

　　5.我的单位(社会实践)。

　　二、会议部分

　　6."千日成长工程"工作报告;

　　7.表彰学风示范班;

　　8.教师代表发言;

　　9.学生代表发言;

　　10.学院领导总结讲话。

第六章　高职院校学习型学生工作队伍建设

"办学以人为本，以教师为主体。"办好高等职业教育，做好学生工作，队伍建设至关重要。"学生工作队伍是高校教师队伍和管理队伍的重要组成部分，是高校从事德育工作、开展大学生思想政治教育的骨干力量。学生工作人员是高校学生日常思想政治教育和管理工作的组织者、实施者和指导者，是大学生健康成长的引路人。"①党的十七届四中全会做出了关于建设马克思主义学习型政党的战略部署。习近平指出："学习是文明传承之途、人生成长之梯、政党巩固之基、国家兴盛之要。"随着我国改革开放的深入，随着高等教育大众化进程的加快和信息化的普及，高校育人环境发生了深刻的变化。建设学习型学生工作队伍，对于促进和加强高校学生工作、实现高校育人的目标具有十分重要的意义。建设学习型学生工作队伍，主要任务是加强班主任队伍建设、辅导员队伍建设和学生干部队伍建设。

第一节　浅析高职院校学习型学生工作队伍建设

办好高等职业教育，做好学生工作，队伍建设至关重要。建设学习型学生工作队伍，对于促进和加强高职院校学生工作、实现高职院校育人目标具有十分重要的意义。

一、学习型学生工作队伍的概念界定

"学习型组织是一个有持续学习及创新能力、能不断创造未来的组织。它就像具有生命力的有机体一样，能在组织内部建立起完善的自我学习机制，将其成

---

① 孙立军.学生工作队伍长效机制构建探新[J].中国青年研究,2009(6):106.

员的学习和工作有机地结合起来，可以使个人、团队和整个组织得到共同发展。"①学习型学生工作队伍是基于传统学生工作模式的局限性而提出的，立足于学生的全面发展，它是指以学生为主体，促进师生全面发展为目的的学生工作模式，更好地促进学生成长成才，从学生工作主体出发，使学生工作队伍树立学习意识，养成学习的良好习惯，不断学习新的知识，提升学生工作队伍的整体素质，提高学生工作者对问题的预判与突发事情的应对能力。它主张团队学习与个人自主学习相结合，理论学习与实践学习相结合。学习型学生工作队伍建设既是基于对实际问题的学习、也是对前瞻性问题的学习，把当前工作与长远工作相结合，从改变学生工作者做起，以至于对学生工作团队产生积极影响，从而不断将高校学生工作推向新的层次。

二、建设学习型学生工作队伍的重要性

在新时期，学生工作面临艰巨的挑战，社会对高职院校教育教学的关注也提升了高职院校学生工作的重要性。一方面，高职院校的学生工作要紧密联系社会的发展趋势，另一方面，高职院校的学生工作又具有鲜明的独特性，建设学习型学生工作队伍既是基于当前学生工作中存在的问题而提出的，同时也是高职院校学生工作发展的需要。

（一）建设学习型学生工作队伍是高职院校学生工作的客观需要

高职院校的生源结构及特点鲜明，生源类型中有自主招生学生、单考单招的"三校生"、普高生、退伍士兵学生；学生群体特点是农村生源多、非独生子女多，学生具有较强的可塑性，这为学生工作的开展提供了机遇与挑战。学生工作队伍建设是一项长期性工程，不单单是紧密结合学生特点，同时也需要联系高职院校特殊的情况。学生工作队伍建设是围绕高职院校育人总方针进行的，只有改进学生工作队伍的整体水平，才能提升学生工作服务育人的功效。

（二）建立学习型学生工作队伍是推动和促进高职院校学生工作队伍自身建设的现实需要

目前高职院校学生工作队伍人员学历层次不同，组成机构复杂，学生工作队伍年龄层次跨度较大，特别是现阶段高职院校学生工作面临着巨大的压力与挑战，对高职院校学生工作队伍建设提出了新的课题。高职院校推进学习型学工队伍建设有利于增强学生工作队伍成员的凝聚力，激发工作热情。同时，有利于

---

① "高校基层学习型党支部建设"[DB/OL]. http://blog. sina. com. cn/s/blog_4d8590ce0100hixc. html, 2014-5-18.

提高学生工作队伍成员的业务水平与综合素质。团队成员之间通过交流学习成果,不断探索学生工作规律,实现资源共享,组织成员之间相互合作、共同研究、共同学习新的工作方法和工作技能,系统思考,找出现实中存在的问题,研究解决问题的方法,并致力于解决问题的实践;建设学习型学生工作队伍有利于促进学生工作队伍地位的提高和持续发展,学习型学生工作队伍建设能够使其中的每个成员把学习变成自身的内在需求,培养终身学习意识、工作创新意识,从而保证学生工作者的思想、行动、教育观念与时俱进。

(三)建立学习型学生工作队伍是顺应高等教育改革发展的迫切需要

目前,我国的高等教育已经逐渐走向大众化教育阶段,这对高职院校教育教学和管理提出了前所未有的挑战。高职院校学生工作队伍需要紧密联系教育改革进程,并且不断调整自身的发展阶段与内涵。首先,高职院校招生规模不断扩大,高职院校学生工作者的工作量逐渐增加,客观上需要极大地发挥学生工作者的能动性、创造性和积极性;在高职院校人才培养目标上,要求教师注重培养学生的独立性和自主性,引导学生质疑、调查、探究,主动地、富有个性地学习;教育组织形式上,出现了选修课、学分制等制度。同时外在与内化的形式转变也强化了教师的角色并发生了巨大的变化,教师从教育教学的主宰者、权威变为学生学习的服务者、引导者、促进者,对学生工作者的素质提出了更高的要求。可见,高等教育改革迫切需要建立学习型学生工作队伍,使学生工作者树立终身学习的观念,重合作,重素质。

三、建设学习型学生工作队伍的策略

21世纪以来,各高职院校非常重视学生工作队伍建设,提出了许多具有积极意义和可操作性的措施。例如:高职院校加快辅导员的职业化、专业化进程,提高学历层次等,这些都为高职院校学生工作带来新的机遇,学生工作队伍的数量和质量都得到空前的繁荣。学习型学生工作队伍建设是从高职院校的实际出发,立足于当前学生工作创造性的实施策略。

(一)树立学习型理念,夯实学生工作基础

学生工作队伍要树立一种理念:"'学习是工作创新的基础与根本,工作是学习研究的延展和深化。'学生政工干部要真正将学习与工作融合起来,在工作这个大环境、大平台上,加强学习,深化学习,实现'工作学习化,学习工作化'。"[①]

---

① 黄淑忠.高校学习型学生政工干部队伍建设探析[J].长春理工大学学报(社会科学版),2012(3):155.

1.树立终身学习的理念,提高自身理论素养

学生工作队伍要有意识地收集、了解、更新新时期学生工作的理念、信息、观念及知识。除此之外,学习也应成为学生工作队伍的一种追求、一种境界、一种责任。任何人都不能满足于曾经学得的知识和经验,学生工作者应该坚持持续学习,不断更新知识,时刻保持与信息联通,增长新本领,努力实现由"拥有文凭"向"拥有能力"的转变,在此过程中不断提升学生工作队伍整体素质与实际工作能力。

2.努力改进学生工作队伍的学习培训方式方法,提升学习效果

针对不同的对象要因材施教、按需施教,才能为培训增添实效性并且提供专业性的保证。同时,高职院校应采取多样化的培训形式,提升培训工作的灵活性。培训学习的内容与形式可以结合高职院校的特殊实际开展,也可以结合当前学生工作特点进行。因此,需要改变传统教条式、填鸭式的单一学习培训方法,需要从加强和改进讲座、报告、主题教育等学习教育方式入手,增加与行业间的沟通交流。例如:针对刚刚入职的年轻辅导员开展的岗前培训,对于工作经验比较丰富的学生工作者开展的体验式培训。培训的层次群体不同,因此也会相应地导致培训的内容与形式的改变。

3.努力营造团队学习的氛围,形成良性学习循环机制

在学习过程中,应倡导团队精神,以系或处室为单位,强化合作意识,并通过团队学习、系统思考更新学生工作队伍的观念,明确工作目标,改善学生工作队伍的心智模式,努力实现由"个体学习为主"向"团队学习为主"的转变。学习型学生工作团队主要有:由学院学生工作组成的横向团队;由各系辅导员、班主任按年级划分组成的纵向团队;此外还包括专家与学院学工教育团队组成的综合团队。发挥不同团队间的融合作用,形成一种人人热爱学习,人人争学习,人人比学习的氛围。

(二)健全学习型学生工作队伍建设机制,为学习型学生工作团队建设提供保障

激励是强化个人需要动机的手段。在创建学习型组织过程中,应重视激励的作用,并配有切实的人性化的制度保障。高职院校建设学习型学生工作队伍也需要进行长远科学规划,特别是要注重制度与机制建设,切实为学习型学生工作队伍建设提供保障。

1.建立长效学生工作队伍的学习体系

高职院校要建立强有力的学习组织领导体系,要结合各高职院校实际情况,

制订学习工作计划,制定学生工作队伍相关学习规章与制度。同时,各高职院校以及学校内部应确立广泛的学习交流机制,为学习型学生工作队伍建设提供一个平台,积极为学生工作队伍创造学习的机会,激发学工干部在集体学习交流中的思维碰撞。此外,高职院校需要建立严格的学习考核激励机制。高职院校应将学生工作人员的学习情况作为年终考核的一项重要的评判指标,并且通过将日常学习、培训与其考核、奖励、晋升等挂钩,用精神和物质因素激发学工队伍的学习积极性、主动性;切实让学习型学工队伍建设理念深入到每一位学工人员心中,通过外在与内在的约束机制与保障机制共同推进学习型学生工作队伍的建设。

2.努力拓宽学生工作队伍职业发展空间

学生工作队伍的职业发展规划是一个至关重要的问题,它关系到学生工作队伍的持续发展,也是学习型学生工作建设不可回避的现实问题。高职院校应注重解决学生工作队伍自身的职业规划问题,系统规划、长远考虑,着力加大骨干学生工作队伍的培养力度,鼓励优秀学生工作者继续学习深造,攻读与学生工作相关专业的硕士、博士学位;在学生工作系统内加强跨系、部门轮岗锻炼,鼓励学生工作者到其他高职院校或行业机构交流学习或挂职锻炼,提供学生工作人员到地方挂职锻炼的平台,提高学生工作干部驾驭全局的能力和素质。

3.优化学生工作队伍的选拔培养机制

高职院校应通过科学规划,合理统筹,结合各自学校学生工作的实际情况与特点,在选聘学生工作人员的过程中重点择取复合型人才,选拔人才需全方面考量具有教育、管理、法律、心理、人力资源等学科背景的人才。同时,高职院校应制定队伍选拔培养长期规划,进一步优化整支队伍的学历结构、职称结构、年龄结构、学科结构等,努力推进高职院校学生工作队伍的健康、可持续发展。以职业化、专业化为引领,积极引导和鼓励学生工作队伍参加与学生工作相关的培训(例如心理咨询师、职业规划师、就业创业指导等),切实提高学生工作队伍的实践工作能力和育人水平,不断将学生工作队伍的培养考核与高职院校的发展紧密结合,以高职院校发展的机遇为学生工作队伍指引前进方向。

(三)坚持理论联系实际,务实开展学生工作

学生工作队伍的学习不是简单的获取知识,而是通过学习把各种知识融会贯通。在学习中促进学习型学生工作队伍创造力和执行力的提升。在建设学习型学生工作队伍中坚持理论联系实际原则,切实保证学生工作落到实处,确保学习有成效。

1.坚持学习与创新工作相融合

学生工作队伍要养成边学习边思考的习惯,善于发现问题,善于从现象中摸清问题的本质,努力提高学习的效率和质量,对学习和工作的思考要不断养成良好的思维模式。此外,还需要将从基础性工作中的思考提炼成理论的精髓,善于联系国家政治时事并及时准确开展学习研究。学习型学生工作队伍的建设不能缺少对常规工作的创新,这是一个不断积累、不断摸索的过程,只有把学习与创新工作紧密结合起来,才会更加有效地提高工作效率。

2.坚持学习与实践并重

学生工作队伍建设应秉持学习型理念,需要注重学习与科研相结合,不断提升理论知识和实践的学习,努力提高学生工作队伍对工作的预判与引领作用。因此,要经常性地深入学生宿舍、班级开展调查研究,多与学生交流,并在交流中广泛收集第一手资料,切实贯彻党的群众路线方针政策,与群众保持密切联系,增进与学生间的交流机会,创设更多的实践平台。对于一些大学生关心的热点、焦点及难点问题的处理要重点关注,有针对性地提出调研的主题,通过深入调研,从而找出原因所在,研究解决措施。同时能突破常规的束缚积极开展科学研究,从实践中获得知识,提升理论修养,同时也在实践中提升执行力,将学校的各项工作任务和安排落到实处。

(四)在坚守职业道德和提升个人修养中做好学生工作

学生工作人员是学校管理干部的重要组成部分,同时也是教师队伍的重要组成部分。他们直接与学生接触,处于学校工作的"前线"。由于工作的特殊性,一个优秀的学生工作者在按照学院关于教师和干部行为的规范要求开展工作的同时,更应在坚守职业道德和提升个人修养中做好做优学生工作。以下结合笔者多年学工经历,着重谈三点体会。

1.坚固底线是做好学生工作的基本要求

坚固底线是指学生的安全稳定是学生工作的底线,要牢牢守住,不可突破。一个学生承载着一个或者几个家庭的期望,学生的安全稳定直接影响着一个或者几个家庭,直接影响着学校的安全稳定和社会声誉,甚至影响着社会的稳定与和谐,切不可掉以轻心。做好学生的安全稳定工作,除了本书第四章第二节"深化高校'平安校园'机制,维护学生安全稳定工作"所论述内容外,笔者认为应重点强调并做好以下工作:一是要做好学生的早晚自修、上课考勤,做好休息日及节假日离校返校情况的统计和加强值班等日常工作,这既是学生管理工作的要求,也是及时发现学生问题的重要和有效办法。二是做好信息员队伍建设,及时发现安全隐患信息并做好研判。三是做好学生的隐患排查化解工作。四是结合岗位及学生易发生的突发事件,加强自己的突发事件处置能力。每所学校的生源结构不同、地理位置不同、所处的发展阶段不同,学生易发生的突发事件必然不同,也必然有其规律所在。学生工作者应结合岗位有针对性地增强自己的某一方面或者某几个方面的能力以应对学生中的突发事件。例如,如果学校的男生多,学生的打架事件多,则应锻炼自己第一时间赶往现场,敢于处置的能力和遇事冷静淡定的素质。又如,针对学生心理冲突事件多,应注重学习相关心理知识及心理事件的处置原则和技巧,等等。五是坚持原则性。一般而言,在学生日常事务处理中本无对错,只是对问题处理方式的不同选择而已。但是在学生的安全稳定工作上,在涉及大是大非的原则问题上,必须立场坚定,旗帜鲜明,敢于坚持原则,敢于反对错误观点。要知道"君子之德风,小人之德草,草上之风必偃"。

2.坚守良知是优秀学生工作者素质所在

在日常生活中,我们所接触的虽是已经成人、对自己行为可以负责的专科层次的学生,但他们毕竟涉世不深,教育工作者的一言一行足以影响其行为乃至人生观、世界观的形成。能够坚持教师职业道德;能够对不符合自己欣赏眼光的学生或者是自己不喜欢的学生做到正确对待,一视同仁;能够坚守良知,对家庭经济困难的学生、完成学业有困难的学生、行为有失范的学生在完成职责范围内的工作以外,多一些关心和帮助;能够在重大事件面前时刻想着学生,将学生放在最重要的位置去关心和呵护,则该学生工作者履行了自己的工作职责,既体现了自己的职业素养,更展现了自己的个人修养和人格魅力。笔者于1994年7月大学毕业,1995年9月担任国家重点中专——包头机械工业学校学工部副部长、团委副书记,主持共青团工作,工作刚刚转正便当上了学校的中层干部。上任之初,学校上下颇有微词,笔者尽己之力,努力工作。1996年5月3日,内蒙古自治区包头市以西地区发生里氏6.4级地震,受灾面积9230平方公里,受灾人口210万,死亡26人,受伤454人,直接经济损失40.65亿元,间接损失数十亿元。笔者将全部时间用于工作,全部精力都放在了1800余名学生身上,他们来自全国各地,无法放假回家,只能集中在操场临时帐篷中居住生活。笔者尽全力做好了抗震救灾工作,也赢得了学校领导和老师的肯定,获得了包头市"抗震救灾"先进个人荣誉称号(学校仅笔者和校长获此殊荣)。1996年12月,学校党委同意召开团代会,笔者当选为学校团委书记;1997年6月,学校召开第八次党代会,笔者当选为学校党委委员;同年11月,笔者任学校学工部长、团委书记。事后想来,学校对笔者的认可恰恰是从"五·三"地震笔者的表现开始的。但平心而论,当时没有一丝一毫的私心杂念掺杂在工作中,唯坚守良知而已;如果当时没有获得荣誉,未获得提拔,时至今日笔者也不会有丝毫的后悔,因为此时做好工作是职责所在,更受良知驱使。这恰如在 2003 年抗击"非典"时(当时包头市共有 14 例 SARS 患者,死亡 2 例,笔者所在学校恰有 1 名 SARS 患者),笔者尽全力做好学生工作,但省级表彰给予了笔者的留校学生。当时有同事颇为笔者鸣不平。但在当时以及时至今日,笔者也无丝毫怨言,一是因为荣誉给予的是笔者的学生,学生比老师做得好是正常的,二是因为当时笔者做工作的出发点本为职责和良心,荣誉不过如浮云。笔者在多年的学生工作中处理了多起学生突发事件。随着年龄和阅历的增长,越发对学生及家长抱有一颗同情之心,在事件结束时,多数能够尽己微薄之力捐些钱款,记不得次数和金额,并非记忆力不好,实为当时就没有想去记,只为心中稍安而已。概而言之,笔者认为,做学生工作者大多要有"老人心肠",以对待自己亲人的心态坚守良知则必能做好学生工作。

3. 坚持品质是优秀学生工作者的能力体现

学生工作的本质是育人,出发点和落脚点是让更多的学生更好地受益,其主要工作思路是在做实学生工作的基础上,以精益求精的态度和品质做出学生工作的品牌。对于学生工作者,具体而言应做到:一要有政治意识、阵地意识、政权意识,将学生工作放在培养接班人的高度来思考和开展;二要抓好符合自己岗位职责的特色管理,探寻具有自己特点的育人品牌;三要学点辩证法,学会科学地看待、分析和解决问题;四要明确继承与创新的关系,在创新中做好各项工作,在做好各项学生工作中寻求工作创新;五要处理好务实与务虚的关系,在务虚中提升理论修养,明确努力方向,在务实中将好的思路和做法落实到学生素质提升中。一个学生工作者如能坚固底线、坚守良知、坚持品质,则必能做好学生工作,必能问心无愧。

当然,高职院校建设学习型学生工作队伍是立足当前、面向长远之举,目标的实现需要各部门、相关团队的统筹协作,也需要机制的保障。

第二节　高职院校班主任队伍建设

中国的高等学校不同于欧美等地的高校,它们实行的是书院制,而我们则实行院—系—班级三级体制,同时,中国的高校特别强调学校的教书育人职责,因此,一般而言,各高等学校都按照中央的规定配备有足量的思想政治教育辅导员(简称辅导员)。与此同时,各学校都根据学生工作的需要,建立以班级为基本单元,以专业、年级、系部(或二级学院)为主要归口的管理组织形式。几十年来,作为班级具体管理者的"班主任"这个概念,无论在小学、中学还是大学都是十分牢固的。

　　就高职院校而言,目前的班主任工作模式主要有两种:一种模式是采用辅导员直接带班负责班级的教育管理工作,一些学校要同时配备班主任,此时的班主任主要侧重于学生的专业指导和学习辅导,班主任的角色定位类似于导师制中的导师。另一种模式是按照《教育部关于加强高等学校辅导员、班主任队伍建设的意见》(教社政〔2005〕2 号,以下用此简称)精神配备的,做到了"专职辅导员总体上按 1:200 的比例配备,保证每个院(系)的每个年级都有一定数量的专职辅导员。同时,每个班级要配备一名兼职班主任"。从各高职院校班主任配备实际情况看,多数高职院校采用的是第二种模式。其主要原因,一是由于受升格以前管理模式的影响;二是第一种班主任管理模式在一定程度上弱化了学院"三全育人"工作的作用。以下主要就第二种模式下的班主任队伍建设作些分析和思考。

一、高职院校班主任的地位与作用

　　中共中央《关于进一步加强和改进大学生思想政治教育的意见》(以下简称中央 16 号文件)指出,辅导员和班主任是高等学校教师队伍的重要组成部分,是高等学校开展大学生思想政治教育的骨干力量。班主任负有在思想、学习和生活等方面指导学生的职责,是大学生健康成长的指导者和引路人。自中央 16 号文件及教社政〔2005〕2 号文件颁布以来,各高职院校相继出台了有关条例措施,反复强调班主任在育人工作中的地位和作用。经过近些年的实践证明,进一步加强高职院校班主任队伍建设,对于新时期加强高职院校学生思想政治教育和提高班级管理水平,充分发挥班主任对学生成长成才的引领指导作用,具有十分重要的现实意义。

　　(一)高职学生成长需要班主任的扶持

　　斯坦福大学教育专家内尔·诺丁斯在《学会关心——教育的另一种模式》一书中指出:"强调教育的道德意义,主张教育应该培养有能力、关心人、爱人也值得人爱的人。"[①]如果学生没有处于一个被教师关心的环境中,很难想象他们如何学会关心他人以及公共事务。班主任的工作对象是学生,三年的高职生活正是学生的世界观、人生观和价值观逐步走向成熟的重要阶段,由于受市场经济环境下多元化价值观念的影响以及来自学习、生活、情感、就业等多方面压力,这一年龄段的青年容易产生思想上的困扰。因此,班主任要用真诚的爱陪伴学生,要关注并且引导学生,要帮助学生树立正确的人生观和价值观。

---

① ［美］内尔·诺丁斯.学会关心——教育的另一种模式[M].于天龙,译.北京:教育科学出版社,2003:1.

（二）班主任是班级工作的核心

在思想政治教育中，班主任是班级的直接管理人，是开展学生思想政治教育活动的组织者。在安全稳定工作中，班主任是对学生进行安全稳定教育的责任人，负责掌握学生动态、了解学生需求、消除安全稳定隐患。在日常学生管理中，班主任是落实学院学生管理的一线教育工作者，是提供学生动态信息的主要来源，是开展家校互动和提高学生就业竞争力的重要力量；在学风建设中，班主任是学生进行学业规划的引导者，在开展诚信教育、考风考纪教育以及鼓励学生积极参与社会实践活动、提高学生创新意识、培养学生创新能力等方面具有不可替代的作用。

（三）班主任是班级的灵魂

班主任是一班之主任，他从新生入学到毕业都在带班，可谓是与学生千日相连、朝夕相处，毕业后会保持十分密切的联系。学校有什么任务乃至通知都通过班主任传达或安排；党组织要吸收学生入党，不管班主任是否是党员，也要听听班主任的意见；至于评选考核，推优评奖，与班主任更有直接的关联。人们在列举学生情况时，往往都说是哪个班的，甚至是哪个人（指班主任）的。毕业后回校或遇见校友，都会问或答我是哪个人（指班主任）班上的，或者称班主任是谁。一般地说，在专科、本科阶段，只有当过班主任的老师才会理直气壮地说"某某是我的学生"，相当于硕士和博士阶段的导师和研究生之间的关系。由于班主任与班级学生联系的广泛性、密切性、频繁性和长期性（高职一般三年连贯），使得班主任对学生的影响非常直接、非常广泛乃至非常深刻，一定意义上讲，班主任是班级的灵魂。

（四）从事班主任工作可提升教师能力，促进教书育人工作

教师担任班主任，一是可以促进教师进一步深入学生和了解学生，更好地把握学生的需求和特点，为更好地开展教学活动打下良好的基础；二是可以提高教师的组织管理、沟通交流和处理复杂问题的能力，让他们积累丰富的学生工作经验，促进理论知识与具体实践的相互促进融合，全面提高教师的自身能力和综合素质。三是可以将教书和育人工作有效结合。早在 20 世纪前半叶，伟大的人民教育家陶行知先生就十分明确地提出他的主张："学校是施教育的地方，教员负施教育的责任"，"先生不应该专教书，他的责任是教人做人"。可见，教书育人是教师的天职，是教育工作应有之义。高校班主任制将教书和育人的两大职能有机结合，体现了教师天职的要求。

以上各方面的现实需求奠定了班主任在高职系统中的地位，也充分体现了班主任在育人工作中的特殊地位。

二、高职院校班主任的角色定位

班主任作为开展大学生思想政治教育的骨干力量以及大学生健康成长的指导者和引路人,在工作中扮演着多重角色,发挥着多种不同的职能,从多个方面体现着班主任对学生成长成才的重要价值。

（一）班级工作的组织管理者

班主任作为班级事务的第一责任人和主要管理者,全面负责所带班级的日常管理工作。从学生入学至毕业的 3 年间,无数大大小小的事情都是在班主任的指导下,师生相互配合协作得以完成的。班主任如同掌舵手,在把学生输往顺利毕业和优质成长成才彼岸的过程中,在确保学生安全稳定的基础上,既要把握好班级的前进方向,又要善于处理协调班级工作的具体事宜。学生的思想政治教育、班风班纪教育、评奖评优、学生干部队伍建设等各项工作都与班主任日常工作密切相关,因此,班主任的重要任务之一是担当好班级工作的组织管理者,从宏观上掌控,从全局上把握,从细微处着手班级的各种事务,充分调动学生的主动性和积极性,营造积极向上的班风学风,营造良好的学习成长环境。

（二）学生成长路上的指导者

高等职业教育是一种以培养适应未来社会的具有较高思想道德素质和科学文化素质的准职业人的教育,其在人才培养目标、办学理念、教育模式、教学方式等各个方面都与中学教育存在着较大的区别。高职新生由于缺乏对大学的正确认识和深入了解,面对全新的高校生活往往表现出对新环境的不适应与对个人发展方向的迷茫困惑。部分学生存在着不自信心理和对目前所学专业茫然和不认可的心态。同时,处在不同阶段和不同专业的学生会面临各自不同的问题,这些问题与学生的日常生活、学习发展以及自身利益息息相关,若不能及时有效地处理将会对学生的成长成才带来或多或少的影响。因此,班主任对于学生成长过程中遇到的种种困惑给予指导和帮助就显得尤为重要,班主任的重要角色之一便是做好学生成长路上的指导者和引路人。

（三）人生观和价值观的引导者

班主任是青年学生道德品质的塑造者和人生观、价值观的引导者。高职三年是学生的道德修养、理想信念、人生观和世界观形成奠定的重要时期,学生的价值取向和道德追求很大程度上取决于其所接受的学校教育和文化熏陶,而班主任是与学生接触最多、联系最紧密的教师,其思想观念和言行举止会在无形中对学生的思想观念产生潜移默化的影响。因此,班主任要做好学生人生观和价值观的引导者,以日常思想政治教育为契机引导学生树立正确的世界观、人生观和价值观,教会学生在复杂多变的社会环境中坚定立场、坚持原则、坚守信念、明辨是非。

（四）班级活动的主导者

班主任是班级活动的策划者。班级重大活动的开展,离不开班主任的指导以及学生干部的配合执行。一个学期举办什么样的班级活动,如何举办活动,活动要达到的目的和效果是什么,需要班主任审核把关。其中的一些具体活动,还需要班主任提供指导,学生负责具体事务的执行落实,双方相互配合,才能顺利有序地开展下去。例如,主题班会的开展,需要班主任围绕当前的中心工作并结合本班学生的实际特点进行组织策划,并以此逐步教会学生处理问题的思路和方法。

（五）学生的良师益友

和谐良好的师生关系应是一种亦师亦友的关系。作为班主任,除了需要以师长的身份引导教育学生,也应该以朋友的身份深入到学生中间,赢得学生的信任与喜爱。这也就是班主任既要在学生中树立威信,履行传道授业解惑的职责使命,关心关爱学生的成长成才,尽己所能为学生的发展和需要提供指导和帮助。同时,班主任又要与学生打成一片,俯下身子以朋友的身份拉近与学生的距离,增进师生之间的情谊,倾听学生的真实心声,敞开胸襟接受学生提出来的意见和建议。除此之外,班主任还要积极发扬民主精神,抛弃师生之间呈二元对立的管理与被管理的陈旧观念,淡化师长身份,与学生平等对话、亲切交流,形成亦师亦友的良好师生关系。

三、高职院校班主任应具备的素质

高职院校班主任身处学生工作第一线,是学生从学校到社会过渡的导航人,扮演着多种角色以及承担着来自多方面的工作,应具备良好的综合素质。

（一）思想政治素质

班主任是高职院校思想政治教育工作队伍中的重要组成部分,是开展大学生思想政治教育的骨干力量。班主任的思想政治素质主要包括三个方面:一是自身的政治理论水平。班主任应当具有较高的政治理论水平和马克思主义理论基础,及时学习党和国家的最新路线方针政策,以自己的理论知识和文化修养去影响学生。二是积极进取的精神。政治理论水平的高低并不能代表思想觉悟的高低,关键在于理论学习之后通过自身的思考将理论上升为行动的指南,使理论真正成为推动实践和提高业务的动力,并以积极进取的精神感染并带动学生成长。三是自身的道德修养和师德师风。学高为师,身正为范,作为一名高职院校班主任,在教育学生、管理学生和服务学生的过程中,如果具有良好的道德修养和师德师风,具有明确的善恶是非观念,那么他在做学生思想政治教育工作时,就可以通过身教的力量做好学生的思想政治教育工作。

（二）业务素质

班主任工作是一项十分讲究工作方法和技巧的综合性工作。班主任在实际工作中会面临多种问题,面对班级可能发生的事情,需要班主任具备扎实的业务水平,拥有丰富的知识储备,并且善于灵活运用知识。因此,班主任业务素质的提升对于提高班级管理的成效性具有重要的作用。首先,班主任需要加强业务学习,不断通过日常学习充实完善自身的知识结构,掌握与学生教育管理工作相关的教育学、管理学、心理学、思想政治教育原理与方法等多方面的知识,了解与学生管理相关的各种规章制度和实施办法,研究当代大学生的心理特点和成长规律,加深对班级管理和思想政治教育的理解与把握。其次,班主任应当主动学习、了解与自己所带班级学生专业相关的基础知识,从而更有针对性地对学生开展专业方面的指导,增进与学生之间的沟通交流。通过系统地了解教育目的和教育原则、教育过程和教育方法,科学地调控教育环境,合理利用各种教育资源,把握学生的最新动态,达到最佳的教育效果。

（三）心理素质

班主任工作对于学生的成长成才起着重要的影响作用,这要求班主任首先必须具备强烈的事业心和责任心,对学生工作怀有高度的热情和主动负责的精神,用爱心、关心、耐心和细心把班主任工作当作一项崇高的事业来对待和追求。其次,班主任应具备良好的心理素质。心理素质较好的人,面对各种问题能处乱不惊,通过自己敏锐的观察和客观的推断找到问题的关键所在并采取正确的方法予以解决。具有必要的心理健康知识的人,可以及时发现并有效化解学生的心理冲突,可以合理利用校内外资源做好学生的心理健康教育,培育心智健康的学生。除此之外,拥有年轻健康心态的班主任也更容易和学生相处,更容易成为学生的知心朋友,从而更好地开展学生工作。

四、高职院校班主任队伍结构

按照系统论的观点,一个系统能否产生较强的功能,取决于两个基本的因素:一是构成系统的要素质量;二是系统要素之间的组合联系方式,即系统的结构。高职院校要根据实际工作需要,对班主任工作队伍进行科学的结构配置。其中,一支结构合理的班主任队伍主要体现在以下几个方面:

（一）年龄结构

年龄结构主要是指班主任队伍人员结构中，不同年龄人员的比例构成和相互关系。年龄是一个衡量个体成熟程度的重要特征量，不同年龄的群体在身心特点、性格气质和思维方式等方面都有较大的差异，不同年龄的教师具有不同的优势，教育和管理学生所运用的方法与手段也不尽相同，因而它是班主任队伍人员结构中的一个重要因素。例如，老年教师的教学经验较为丰富，教学基本功底扎实，但可能激情和活力相对不足，且可能会与学生之间存在较大的代沟；青年教师充满激情和活力，教学方式和手段比较新颖多样，较易与学生打成一片，但是实际教学经验比较欠缺，处理问题的能力相对欠缺；中年教师兼具了老年教师与青年教师的优势，但往往由于家庭、生活、教学、科研等事务缠身而导致投入到学生身上的时间和精力有限。因此，在加强高职院校班主任队伍建设中我们应考虑把不同年龄段的教师吸纳进来，全面覆盖到"老马识途"的老年教师、"中流砥柱"的中年教师、"生机勃勃"的青年教师，使不同年龄阶段人员的优势互补，从而构成一个老、中、青相结合的比例均衡的综合体，并使此结构处于不断发展的动态平衡中。

（二）知识结构

知识结构主要是指班主任队伍中具有不同知识水平和知识结构的人员的比例构成和相互关系。从知识水平来看，高职院校教师的知识有多少之分和深浅之别，学历层次涉及从本科到博士各个层次，并且教师的教学和科研水平也有着显著的差异。从知识结构来看，高职院校各系部教师的专业五花八门，跨度较大，涵盖了学校所有的学科门类，每位教师所擅长的具体研究方向不尽相同。因此，要打造一支拥有合理知识结构的高职院校班主任队伍，必须将不同知识水平和知识结构的人员编排进来，结合每位教师的特点和长项，分别担任不同年级和不同专业的班主任，并且尽量保证班主任所学的专业与所带班级学生的专业相同或相近，以便更好地对学生开展学业和专业指导。另外，在知识水平方面，应当由初级、中级、高级职称的人按一定的比例构成，一方面鼓励知识水平相对较弱的年轻教师积极投入学生管理工作，另一方面也可以充分发挥中高级职称教师对年轻教师的引领和带动作用。

（三）能力结构

能力结构主要是指班主任队伍中，具有不同工作能力人员的比例构成和相互关系。每位教师所擅长的能力各有不同。班主任能力主要包括专业能力和个人特长两个方面，其中个人特长包括演讲表达能力、动手实践能力、社会调研能力、写作表达、组织策划能力等各种具体的能力水平。专业能力和个人特长分别对于帮助学生进行学业指导和发展学生的综合素质具有重要的作用。例如,可以安排动手实践能力较强的老师担任工科专业类教师,指导学生开展各类电子机械类作品制作;安排喜好计算机的教师担任信息技术类专业班主任,安排有丰富社会实践和推销经历的教师担任市场营销类专业班主任。通过对不同能力结构的人员进行合理的配置,形成能够发挥最佳效能的有机整体。

（四）性别结构

性别结构主要是指班主任队伍中,不同性别的人员的比例构成和相互关系。思想政治教育工作对象的性别差异,要求思想政治教育工作队伍必须有合理的性别结构。在不同的情况下,应有不同的男女比例组合。例如,对于女生较多的班级,应侧重于选择女教师担任班主任,以便班主任能以过来人的身份设身处地感受女生的一些真实想法,同时这也方便班主任进寝室了解学生的生活情况。但是,性别结构并不意味着男女师生必须一一对应,有时候也要考虑到性别的互补,在性别比例较为失调的情况下选择异性教师能弥补某一方面较弱带来的缺陷,反而会给班级带来意想不到的效果。总之,性别结构应在总体平衡的情况下,视具体情况进行调整和配置。

五、高职院校班主任队伍建设的原则

教育以育人为本、以学生为主体,办学以人才为本、以教师为主体。而班主任是教师队伍的中坚力量,是学生思想政治教育的主要力量,需要以正确的理念和方法加强高职院校班主任队伍建设,以确保班主任人才层出不穷,活力永驻。

（一）人尽其才,优化配置

建设一支思想素质好、业务水平高、综合素质强的高职院校班主任队伍,关键在于对教师进行人才资源开发,对学校教职工的知识、能力和素质进行综合测定,科学合理地开发组织和使用,持续不断地增强学校员工的能力,形成群体合力,提高学校整体效能的管理活动。首先,学校要帮助教师对自己进行正确的认识和全面的评估,包括对自身的条件、兴趣、爱好、优缺点、能力和追求的认识或评价,认清自己的脾气秉性、优势才干。其次,学校要注重战略性和整体性,谋求人与事、人与人之间的相互适配,充分发挥教师的潜能和作用,帮助他们制定职业发展规划。再次,学校在对教师职业生涯设计评价的基础上,提供职业发展的信息和职业咨询,制定开发策略,使教师和工作岗位实现良好的匹配。

（二）统筹兼顾,合理引导

高职院校班主任队伍建设是一项系统工程,不仅要考虑到队伍中人员的数量和质量,还要考虑到队伍的结构性问题以及个体与整体之间的关系,个体与岗位的匹配程度等。因此,高职院校进行班主任队伍建设时,应当秉承统筹兼顾、合理引导的原则,从宏观上掌控,从全局上把握,打造一支结构合理的班主任队伍。在进行队伍的整体设计时,要将设计的出发点和目的告诉班主任,争取每一位个体成员的积极配合,避免因沟通不畅引起不必要的误会。同时,要加强对班主任的合理引导教育,帮助班主任树立大局意识,让其充分发挥自身的主观能动性,自觉地与学院的总体要求保持一致。

(三)公平公正,科学考核

为了充分调动班主任工作的主动性和积极性,应制定高职院校班主任工作条例,进一步明确其工作职责和工作要求。应本着公平公正、奖惩分明的原则,建立科学完善的考评机制,对班主任的工作表现和工作业绩进行客观的评价。考核要坚持定量考核与定性考核相结合。定量是定性的基础和前提,没有一定的工作量的付出,不可能会有工作性质上明显的绩效的提高。定性评价是对一个阶段或者一个年度的工作情况给出一个结果。将定量考核和定性考核结合起来,保障了考核的客观性与科学性。要将考核结果与职称职务聘任、奖惩、晋级等物质和精神奖励挂钩。要完善班主任评优奖励制度,将优秀班主任表彰奖励纳入各级教师、教育工作者表彰奖励体系中,按一定比例评选,统一表彰。要树立一批班主任先进典型,宣传他们的先进事迹,充分肯定班主任在学生思想政治教育中的贡献,并从物质层面、精神层面和个人发展等多方面对优秀班主任给予大力支持。对于工作不称职的班主任要进行批评教育,仍无改进的应调离工作岗位。在事关政治原则、政治立场和政治方向问题上不能与党中央保持一致的,不得从事班主任工作。通过建立完善班主任工作考评机制,充分调动班主任工作的积极性主动性,促进班主任队伍建设朝着规范化、有序化和竞争化的方向发展。

六、高职院校班主任工作的特征和重点

高等职业教育的目的是培养一线应用型人才,其教育的职业导向尤为明显,高等职业教育中与学生成长紧密相关的班主任工作具有鲜明的阶段性特征;这种阶段性特征要求班主任根据不同阶段学生的身心特点和发展需要开展具有针对性的活动。

大一阶段,班主任的工作重心在于帮助学生尽快适应新的环境,努力实现从中学到大学的平稳过渡,调整个人认知和心态情绪,使学生能更好地融入大学生活。一些高职学生由于高中时期成绩不理想或高考发挥失常来到高职院校,并由此产生较为强烈的挫败感和消极自卑的心理。班主任应该针对其特有的心理特点帮助他们重建信心,鼓励他们积极投入新的学习和生活,给予他们更多的关

注和关爱,让他们尽早从消极自卑的负面情绪中走出来。除此之外,班主任要注重对大一学生进行学习习惯养成和学业生涯谋划的指导工作。大学与中学的教育管理模式截然不同,而许多学生对大学的认识是非常片面和浅薄的,同时他们也缺乏相应的思想和心理准备,当面临完全不同的大学生活时,他们往往会变得手足无措和迷茫困惑。另外,一些学生在高中时期习惯了一切以高考为中心的学习生活模式,而上大学后由于失去了曾经奋斗的目标,不知道自己努力的方向,从而产生了强烈的无所适从感。这时,班主任需要及时帮助新生调整个人认知和心态,树立新的奋斗目标,指导他们开展以职业为导向的学业生涯规划,让他们尽快找到自己的兴趣点和未来的发展方向。

大二阶段是学生进行知识积累和能力提升的关键时期。在学生逐步适应大学的生活,养成大学的学习习惯之后,就进入了专业知识的学习生活。班主任在这一阶段的工作重点是对学生进行职业能力培养、职业操守养成和职业素质提升。在此阶段,知识传授和技能培养的工作主要是由专业教师担任,班主任应主动与之沟通做好专业教育。而一些班主任往往也是专业教师,更应当将专业教育与日常学生管理巧妙地融合在一起,实现班主任与专业教师双重角色的有机统一,促进学生专业知识和职业素质的提升。

大三阶段是学生逐步走出学校进入社会成为一名准职业人的重要阶段。经过前两年的学习、积累和准备,大三时许多学生将踏上实习岗位开始全新的生活。这一阶段班主任的工作重心在于加强对学生的就业与创业指导,做好学生毕业实习的教育管理工作。大三伊始,班主任就应当帮助学生树立正确的就业和择业观念,根据自身的条件和兴趣爱好明确自己的就业目标和求职意向,并不断调整修正和完善。班主任应当对学生进行就业政策宣讲、求职与就业技巧指导,使学生有充足的准备和充分的把握去应对求职就业,提高学生的就业成功率。这一阶段需要班主任紧紧围绕促进学生就业这一中心目标投入大量的时间和精力对学生进行就业指导工作。同时,班主任应做好学生毕业实习的教育管理工作。通过现场走访,通过电话、QQ、短信、飞信等方式进行联系,及时了解学生的实习状况并做好安全防范教育,做好思想、心理上的教育和引导工作,使之适应实习生活,为进入社会做好心理和思想的准备。

七、高职院校班主任队伍建设存在的不足

由于在实际操作中的种种原因,当前高职院校班主任队伍建设还存在一些不足,这主要表现在:

(一)新人当班主任居多

许多学校都是依靠刚参加工作的教师当班主任,一方面是学校想尽快使新

教师融入学生,了解学生情况,以便今后更好地开展工作;另一方面是因为新来的教师刚入校比较听话,对于上级安排的任务都会无条件答应,且其本身也有尽快融入学校和学生、做出一番业绩来证明自己的心理需求。然而,新进校的教师担任班主任多半是从校门到校门,缺乏实际的教学经验与学生管理经验,且由于刚到学校,对学校的整体情况和各项规章制度尚不熟悉,有的新进校老师甚至还没有一些大二、大三的学生熟悉和了解具体情况,因此在实际工作中很难给学生提供有效的帮助。另外,由于许多新教师都要承担较重的上课任务,因此,精力不够、政策不熟、力度不到等问题也会随之产生。与此同时,新教师往往正面临或即将面临恋爱、婚姻、住房、育儿等个人问题,很难有足够心思和精力来做好班主任工作。

(二)带着任务当班主任

由于大多数高职院校对于教师职称晋升都有一定学生工作经历的年限要求,许多教师为了晋升职称不得不兼任班主任工作,但其内心往往是不愿意的,因此在实际行动中就表现得较为懈怠。有的班主任长期不与学生联系,经常以各种理由推脱参加学生的各类活动,对于学生的思想、学习、生活情况也知之甚少,很少对学生有深入的交流和细心的关怀,带有明显功利色彩和任务观念,在班主任工作中出现了主动性和积极性明显不足的现象。

(三)对班级工作投入力度有限

实事求是地说,高职院校班主任的工作是比较辛苦的。他们一般都是身兼数职:作为教师,班主任要寓德于教,充分发挥本学科潜在的德育功能,尽力上好课;作为研究人员,班主任要追踪学科前沿,发表科研成果;作为班集体建设的领导者,班主任要更多地关注每一个学生的发展,尽力满足每一个人不同的发展需要。当一个人身兼几种角色时,当目前职称导向、教学导向明显强过育人导向时,班主任便无法投入更多精力去做好班级工作,甚至有时连投入班级工作的时间也是没有保证的。

那么,究竟为什么会出现老师不愿意当班主任的情况呢?原因恐怕有五:一是班主任工作事无巨细,工作繁杂,尤其是当个别学生出现突发事件或者出现班主任管理上的漏洞时,承担的责任大。二是学生数量多需要投入的精力大。由于近年来高考扩招,高职院校的学生人数与日俱增。面对数量庞大的学生群体,许多高职院校只好采取一位班主任同时管理几个班级的措施,无形中增加了班主任的工作量。三是部分学校班主任待遇落实不到位,不利于也不能够调动教师当班主任的积极性或者说不能产生激励效应。四是部分班主任对育人工作重要性认识不到位。五是辅导员与班主任制度存在职责不清、管理交叉的问题,容易造成辅导员领导班主任的感官印象。

八、加强高职院校班主任队伍建设

应该说，纵然有诸多原因影响教师担任班主任工作，但班主任工作的重要性是显而易见的，班主任队伍建设更是一个紧迫而系统的工程，必须予以加强。

（一）从指导思想上重视班主任队伍建设

对辅导员队伍建设，中央有明确要求，也有明确考核机制，而班主任工作主要靠学校自觉，相对难以引起主要党政领导和全校上下的重视。正因为这样，笔者认为，各校党委必须从加强和改进大学生思想政治工作，从切实推进全程、全方位的、全育人的高度认识问题，从培养社会主义现代化建设优秀接班人和合格接班人的角度认识问题，从学校校友队伍建设、品牌建设和可持续发展的高度认识问题。

从教师角度来看，应该认识到，育人是人民教师的崇高职责，承担班主任工作是教师应尽的义务，做班主任工作也是一种锻炼，一种经历，是人生的宝贵财富，也是教师特有的人生体验，意义重大，他人无法替代，有机会带班做班主任工作，也是人生一大本事，更是能力和水平的展示，培养一批优秀的学生，终身受益，一生荣耀。

（二）认真做好班主任队伍的选聘配备工作

做好高职院校班主任的选聘配备工作，是加强班主任队伍建设的首要基础。高职院校要根据实际工作需要，科学合理地配备足够数量的班主任，为每个班级都配备一名班主任。高职院校在选拔班主任时，应在学校党委的统一领导下，在学生处及各院系的具体组织下，采取组织推荐和公开招聘相结合的方式进行选拔。

在保证数量充足的基础上，要倡导和选择高层次人员担任班主任工作。从职业道德与职业技能相结合，专业知识与能力培养相结合的角度认识班主任工作，必须倡导和要求下列人员担任班主任工作。一是专业主任承担班主任工作。专业主任是本专业教学培养的主要设计者，也是联结人才培养与行业企业的主要活动者，教学方案的主要实施者，如果能够担任班主任工作，不仅能收到业务和素质双重功效，校内和校外双重效能，而且也有利于带领更多的老师参与教书育人的工作，从而提高整体育人水平和质量。二是高职称专业教师承担班主任工作。高职称专业教师学识渊博，基础扎实，容易受到人们的尊重，也容易影响和教育学生。最近浙江大学出现的院士当班主任效应就能很好地说明问题，如能发挥高职称学术带头作用，则班主任工作也会收到事半功倍的成效。三是高学历教师承担班主任工作。高学历教师见多识广，师长资源丰富，往往也受学生崇拜和尊重，让这些教师担任班主任工作，既会得到学生的喜爱，也有利于引导学生走上爱学习、爱钻研、爱知识的好轨道,必然有利于学风建设。

（三）大力加强班主任队伍的培养培训工作

加强高职院校班主任队伍的培养培训工作,是提高班主任工作能力和水平的关键。各地教育部门和高职院校要制订详细的班主任培训计划,建立分层次、多形式的培训体系,做到先培训后上岗,坚持日常培训和专题培训相结合。其中,要重点组织班主任系统学习马列主义、毛泽东思想、邓小平理论、"三个代表"重要思想、社会主义核心价值体系和科学发展观等一系列党的理论成果,了解掌握党和国家的大政方针政策,学习管理学、教育学、社会学和心理学等相关学科理论知识,以及大学生学业与职业生涯规划、就业与创业指导、学生事务管理、心理健康教育等方面的知识。同时,要适时安排班主任进行脱产、半脱产或在职培训进修。通过定期输送一批班主任参加业务培训学习、社会实践和学习考察,不断提高班主任的思想政治素质和业务素质,使其开阔视野、拓展思路、提高解决实际问题的能力,增长做好思想政治教育工作的才干。

（四）合理划分班主任和辅导员的职责

教社政〔2005〕2号文件指出:辅导员、班主任是高等学校教师队伍的重要组成部分,是高等学校从事德育工作,开展大学生思想政治教育的骨干力量,是大学生健康成长的指导者和引路人。可见班主任和辅导员的地位、性质和作用有着基本的共同点。

尽管如此,他们具体的职责还是不同的。中央16号文件指出,辅导员按照党委的部署有针对性地开展思想政治教育活动,班主任负有在思想、学习和生活等方面指导学生的职责。中华人民共和国教育部令第24号《普通高等学校辅导员队伍建设规定》在"辅导员的主要工作职责"中明确指出,"组织、协调班主任、思想政治理论课教师和组织员等工作骨干共同做好经常性的思想政治工作",在"辅导员配备与选聘"中指出,"辅导员的配备应专职为主、专兼结合,每个院（系）的每个年级应当设专职辅导员。每个班级都要配备一名兼职班主任。"在《中共浙江省委教育工作委员会　浙江省教育厅关于进一步加强高校辅导员队伍建设的实施意见》(浙教工委〔2010〕8号)中指出,"班主任要切实承担起学生的学业指导、学风建设、班级建设和日常管理等职责","辅导员要协助班主任、导师抓好班风、学风建设,重点做好特殊学生群体的帮扶工作。"由此可以看出,班主任和辅导员在工作内容以及工作对象上是不完全相同的。从工作内容来看,辅导员从宏观的角度统筹和兼顾学生的文化、社会活动的组织开展,集中开展学生政治理论学习活动,加强学生的理想信念教育,同时具有做好班级特殊学生群体帮扶工作的职责。班主任则侧重于学生的学业指导、学风建设、班级建设和日常管理等职责,对学生教育管理得更加细致和深入,对个别学生的思想问题要给予引导和疏通。从工作对象来看,辅导员负责一个年级学生的思想政治教育工作,而班主任则负责一个教学班级学生的日常管理和思想政治教育。班主任与辅导员之间的关系应当是点和面的关系,班主任工作是对辅导员工作的有益补充。从组织领导来看,他们都在高校院系党组织领导下,独立地从事学生的教育培养工作,是两个平等的教育主体,同时辅导员具有组织、协调班主任共同做好学生思想政治工作的职责,班主任和辅导员共同对院系党组织负责。当然,在实际的工作中,无论是辅导员还是班主任都应当主动和另一方通气,通报学生工作情况,相互支持和配合,这样才能做好学生的各项教育培养工作,才能避免因辅导员与班主任角色错位产生弱化班主任工作的现象。

（五）切实为班主任工作和发展创造条件和提供保障

制定促进班主任工作和发展的制度政策,是加强班主任队伍建设的重要保障。要切实为班主任的工作和发展提供资源和有利条件,加强对班主任的物质保障和人文关怀,解决好与班主任切身利益相关的问题。具体而言,一是计入教育教学工作量。建议把教师工作量统称为教育教学工作量,担任班主任就是直接地育人,应该占据一个教师 1/4 左右的工作量,据此作为考核依据。二是提高报酬和待遇。按照一个班主任带两个平行班相当于 1/4 工作量的标准,建立相应的报酬和补贴制度,使其达到应有的报酬水平。三是建立奖励机制。除了每年开展优秀班主任评比,并对优秀班主任进行奖励以外,还要采取更加优厚的措施,如提高奖励标准,必要时可尝试学术或调休制度,即带好三年一届班主任后,可以对教师享受半年学术假或实践假,以鼓励班主任工作。四是完善提拔晋级机制。对班主任工作做得好的教师可以在晋升专业技术职务,提升行政级别等方面予以倾斜,对长期担任班主任工作成效显著的教师可特设岗位给予倾斜。

总之,我们在政策上要崇尚担任班主任光荣,在物质上要给班主任尝甜头,在机制上要让班主任有盼头。

第三节　高职院校辅导员队伍建设

辅导员是高等学校教师队伍和管理队伍的重要组成部分,是开展大学生思想政治教育的骨干力量,是高校学生日常思想政治教育和管理工作的组织者、实施者和指导者,是学生的人生导师和健康成长的知心朋友。做好学生的教育、管理、服务、发展工作,首要任务是做好辅导员队伍建设。为有的放矢地做好研究,以下结合浙江省高职院校辅导员队伍建设的调研情况展开论述。

一、浙江省高职院校辅导员队伍建设的基本情况

为全面了解浙江省高职院校专职辅导员队伍建设状况,浙江金融职业学院学生处在 2010 年 3 月专门进行了一次高职院校从事一线学生工作的专职辅导员队伍建设的状况调查,调查共发放问卷 130 份,覆盖浙江省内的 15 所高职院校,有效回收 120 份。调研结果分析如下。

(一)高职院校专职辅导员队伍建设的特点

1.平均年龄较小,专业吻合度较低

调查发现,中青年辅导员是辅导员队伍的绝对主力,30 岁以下占 78%,31～40 岁占 22%;大学期间有团总支、学生会或社团工作经历且担任过学生干部的占 68%,有团总支、学生会或社团工作经历但未担任过学生干部的有 21%。大学期间所学专业与从事专职辅导员工作相吻合的占 16%,不吻合的达 55%。

2.收入水平差别较大,编制问题比较突出

调查对象中,年收入在 2 万元以下的有 10 人,占 8%;年收入 3 万～4 万元的有 77 人,占 64%;5 万～6 万元的 29 人,占 24%;7 万以上的 4 人,占 3%。专职辅导员队伍的编制问题比较突出。所调查的专职辅导员中,事业编制 41 人,占 34%;人事代理 60 人,占 50%;聘用合同制 14 名,占 12%,此外,还有一小部分临时聘用人员。相比本校同等条件的专业教师而言,78% 的专职辅导员表示自己的收入相对较低。

3.具体事务多,使得专职辅导员普遍感到压力较大

75% 的专职辅导员明确表示在工作中压力较大,14% 的人认为压力非常大,只有 1% 的认为压力较小。调查中当问到在工作中遇到的最主要的三个问题是什么时,排在首位的是个人发展前途与出路,占 78%,其次是事务性工作与专业理论提升相矛盾、工作负荷过大,分别占 60%、53%。

而高职院校专职辅导员的工作压力主要来源于以下方面:自身发展前途与方向、工作量大、工作职责不清,分别占 66%、53%、47%,还有其他一些因素也使得辅导员在工作中感受到压力的存在,如学生思想观念日益复杂化、多元化,工作中的突发性、应急性事件等。

4.发展通道不通畅

调查还发现,高职院校的专职辅导员工作满一定年限后被提拔为行政科级以上干部的概率较小,53% 的人认为这只是个别现象,对于大部分辅导员而言,

则很少有这种机会,39％的人则觉得这种机会几乎没有;59％的人表示自己学校的专职辅导员不享受任何行政级别待遇,19％的专职辅导员表示担任学工办主任、团总支(分团委)书记的辅导员才享受行政级别待遇,但相对于整个专职辅导员队伍而言,这毕竟是极少数人才拥有的机会。

5.培训培养机制不顺

通过问卷分析可以看出,学校缺乏周密详细的专职辅导员培养、培训项目及实施计划,专职辅导员很少有机会参加专业进修,单位对专职辅导员的工作业绩评价、考核不公正、不合理,工作经常受到非职责范围内事务的干扰,繁琐的事务影响了个人业务的提升等,这在一定程度上影响了专职辅导员工作的积极性。如表 6-1 所示:

表 6-1　影响高职院校辅导员工作积极性的因素与辅导员实际符合情况

影响辅导员工作积极性的因素	很不符合	不符合	部分符合	符合	很符合
我的工作付出与我所获得的薪酬待遇比较对称	10％	50％	25％	15％	0
我们学校整个学生工作体系十分健全有序	5％	45％	30％	15％	5％
我校制订有周密详细的辅导员培训、培养计划	11％	67％	15％	7％	0
作为辅导员,我几乎没有参加专业进修的机会	7％	15％	35％	40％	3％
我所在单位对辅导员工作业绩的评价、考核非常公正合理	3％	47％	40％	6％	4％
繁琐的事务影响了我个人的业务发展	2％	15％	20％	38％	25％
自从做辅导员以来,我对工作越来越不感兴趣	3％	11％	30％	49％	7％
我的工作经常受到非职责范围内的事务干扰	0	13％	15％	65％	7％

6.专职辅导员的受尊重程度不高,使得他们不愿意长期专职从事该项职业

调查中,74％的专职辅导员觉得在单位受尊重程度一般,21％的人认为专职辅导员在单位地位低下,得不到他人的尊重。学校里好多部门都可以给专职辅导员摊派任务。这种情况导致的直接结果就是专职辅导员从早到晚都在处理一些琐碎事务,职业的归属感不强,甚至有许多专职辅导员表示,整日工作往往使得自己心力交瘁、精疲力竭。65％的专职辅导员指出,学生工作的日常事务经常多得让他们喘不过气来。同时,由于专职辅导员的受尊重程度不高,许多刚毕业的大学生就把辅导员这个职业当作工作的跳板,很少有人会把它当作毕生事业

来做。当问及是否愿意长期专职从事辅导员工作时,73%的辅导员明确表示不愿意,甚至有10%的人表示非常不愿意。愿意长期专职从事辅导员工作的只占被调查对象的13%。

(二)高职院校专职辅导员队伍建设存在的问题与成因

1.高职院校对专职辅导员队伍建设的重要性认识不足

调查发现,部分高职院校的党政领导对专职辅导员工作重要性的认识还没有达成共识,重视不够、配备不全、措施不力。一些职业类院校在学校发展定位和师资队伍建设中,经常把学生工作挤到一旁,把思想政治教育降到辅助、附属的位置,在他们的潜意识里,专任教师多多益善,专职辅导员队伍越精简越好,一些学校的专职辅导员配备比例在1∶300以上,个别学校甚至超过1∶400。有些党政领导对大学生思想政治教育提出的要求仅仅是"保稳定,不出事",把辅导员工作岗位作为管理、教学岗位的"后备岗位",把专职辅导员当作"流动人口",缺乏长远规划、整体培养的意识,使得专职辅导员队伍身份不明确、编制不落实、政策不到位的现象普遍存在,制约了专职辅导员工作的开展,挫伤了他们工作的积极性,影响了这支队伍作用的发挥。

2.专职辅导员队伍建设的长效机制有待健全完善

目前,我国高职院校专职辅导员队伍建设中出现的问题,绝大多数是体制机制不健全造成的。一是身份不明确。尽管教育部明确规定,专职辅导员具有教师和干部的双重身份,实际上,专职辅导员是教师还是行政管理干部,还是并列的两种身份并不明确。许多高职院校对专职辅导员的角色定位并不清晰,甚至错位,相当部分高职院校对专职辅导员的身份归属仍比较模糊,把他们等同于教辅人员和管理人员,其教师身份在校内难以得到认同。二是职责不明晰。现实中,专职辅导员除了要承担着学生的政治思想教育、日常事务管理,还要承担大量的行政工作。专职辅导员承担角色多,职责跨度大,工作战线长,"一方面让他们对工作应接不暇、疲于应付,产生职业倦怠和工作盲目性,另一方面繁重的工作也让他们失去继续学习的条件和动力。"①导致队伍后劲不足,作用发挥不理想。同时,由于专业权责不明确,专职辅导员的岗位权力实施困难重重。三是发展前景不通畅。队伍建设缺乏整体规划、发展机制不健全、分流渠道不畅通,是高职院校专职辅导员队伍长远发展的最大瓶颈。现有的职务职称评定办法、专业化职业化发展等现实性问题也制约了辅导员队伍的可持续发展。

---

① 田茂.关于高校辅导员职业化发展的思考[J].现代教育科学,2007(3):103.

3.专职辅导员队伍整体素质需要进一步提高

从高职院校专职辅导员队伍自身状况看,其学历职称总体不高,本科学历、初级职称仍然是这支队伍的主体。高职院校的专职辅导员队伍无论在学历还是在职称上,与专任教师相比还有不小的差距,向职业化、专家化方向发展的目标仍然任重道远。同时,专职辅导员自身的一些问题也应当引起重视。专职辅导员队伍中,出身于心理学、教育学、伦理学、政治学、社会学等相关学科背景的偏少,由于没有扎实的学科理论功底,实际工作中难以在方法论上进行深入探索,从而无法向学生解释清楚现实中的一系列新情况、新问题。近年来高职院校的专职辅导员数量猛增,引进的基本上是刚毕业的应届毕业生,加上辅导员岗位人员流动性大,队伍普遍呈现年轻化态势。年青辅导员政治上不成熟,对复杂的思想政治教育力不从心。

当然,我们也要看到,随着中共浙江省委教育工作委员会、浙江省教育厅《关于进一步加强高校辅导员队伍建设的实施意见》(浙教工委〔2010〕8 号)的出台,以上问题正在逐步解决。同时我们要看到,由于缺少与最近几年新进教师状况的调研数据的对比研究,以上调研数据虽对加强辅导员队伍建设具有积极的参考意义,但对于部分问题的说明仍有欠妥之处。当我们跳出辅导员来看辅导员队伍建设时,在笔者与教育厅具体负责该制度的起草者交流时,该同志认为辅导员的队伍建设的相关政策令教学管理等一些人羡慕。加强辅导员队伍建设,其主要任务就是将中华人民共和国教育部令第 24 号《普通高等学校辅导员队伍建设规定》和浙教工委〔2010〕8 号文件精神落在实处,其目的是进一步加强辅导员队伍专业化和职业化建设。

二、进一步加强辅导员队伍建设

（一）新形势下加强辅导员队伍建设的重要性和紧迫性

"辅导员是高等学校教师和管理队伍的重要组成部分,是开展大学生思想政治教育的骨干力量,在教育引导大学生成长成才、维护校园稳定方面发挥着重要的、不可替代的作用。加强辅导员队伍建设,是坚持育人为本、德育为先,推进高等教育科学和谐发展,培养造就高素质人才的必然要求。"[①]随着高等教育的快速发展,各高校辅导员队伍不断壮大。仅以浙江省为例,2010 年辅导员总数已达专任教师总数的 9%。随着教育部 24 号令的下发以及各省相关制度的出台

---

① "中共浙江省委教育工作委员会　浙江省教育厅关于进一步加强高校辅导员队伍建设的实施意见"[DB/OL]. http://baike.baidu.com/view/3789900.htm,2014-5-18.

和实施,辅导员队伍建设取得明显成效。"但从总体上看,辅导员队伍现状还不能很好地适应高等教育发展和大学生成长成才的需要,辅导员队伍建设还存在着结构不合理、身份归属不明确、职责不明晰、职业认同度不高等问题,必须采取措施,切实加以解决。"①由于多数高职院校建校时间短,一些高职院校过于偏重于教学管理和过于强调教学投入产出比等原因,高职院校在辅导员的数量配备、编制解决、待遇福利、素质提升等方面仍有许多不尽如人意之处,加强高职院校辅导员队伍建设更具重要性和紧迫性。

(二)加强辅导员队伍的科学化管理

1. 合理配置并优化专职辅导员队伍的结构

第一,保证专职辅导员的数量。教育部 24 号令要求,"高等学校总体上要按师生比不低于 1∶200 的比例设置本、专科生一线专职辅导员岗位。"各高职院校应按照 24 号令要求配足辅导员。由于近年来高职院校人事管理制度的多元化,高职院校辅导员的来源不再局限于单一的渠道,形式多种多样。我们要优化高职院校的专职辅导员队伍,至关重要的是要把好"进口"关。浙教工委〔2010〕8号文件要求,"辅导员的招聘录用要纳入学校专任教师和管理人员招聘录用工作体系之中,坚持'高标准、多渠道、公开化'的选聘原则,严格选聘标准、规范选聘程序、优化选聘内容,严把"入口关"。专职辅导员原则上要求是中共党员,一般应具有硕士及以上学位"、"专职辅导员至少要带满一届学生方可转岗"②。在把住进口的同时,还要开通"出口",对工作业绩不佳,使经实践检验不适合辅导员工作的人员能够及时调整出去,形成"能上能下、能进能出"的良性机制。

第二,把握专职辅导员队伍的结构。高职院校主要在专业、职称、年龄、性别等方面把握好专职辅导员队伍的结构。首先是专业结构。因为高职院校的学生思想政治教育和日常事务管理工作是一门科学,它涉及思想政治教育、心理学、社会学、伦理学、教育学和管理学等专业领域,从事该项工作的专职辅导员一般应从具备上述学科的专业背景中选拔。其次是职称结构。高职院校应创造条件打破专职辅导员职称评审的瓶颈,形成高中低梯次合理的专职辅导员职称结构,因为合理的职称结构能在具体的工作中发挥高职称辅导员的"传、帮、带"作用,促进低职称辅导员的快速成长,同时,搭配合理的职称结构也是专职辅导员队伍综合实力的体现,有利于维护专职辅导员队伍的稳定。再次是年龄结构。实际

---

① "中共浙江省委教育工作委员会 浙江省教育厅关于进一步加强高校辅导员队伍建设的实施意见"(浙教工委〔2010〕8 号)[DB/OL]. http://baike.baidu.com/view/3789900.htm,2014-5-18.

② "中共浙江省委教育工作委员会 浙江省教育厅关于进一步加强高校辅导员队伍建设的实施意见"(浙教工委〔2010〕8 号)[DB/OL]. http://baike.baidu.com/view/3789900.htm,2014-5-18.

工作中,不同年龄段的专职辅导员有着不同的工作特点,因为年龄不同,其阅历和经验也各有不同,应合理搭配,形成工作合力。第四是性别结构。随着社会观念的不断变化,家长对子女教育的重视程度越来越高,在高职院校里,女大学生的数量和规模在逐年增长。由于女性在生理、心理上的特有性质,高职院校必须在专职辅导员的性别结构上予以合理设置,以便在实践中更好地开展学生的思想政治教育与日常事务管理工作,增强辅导员工作的针对性和实效性。

2.建立卓有成效的专职辅导员队伍建设激励制度

第一,做好辅导员的职称评审工作。因为专职辅导员角色和岗位性质的特殊性,高职院校应在辅导员职称评定方面给予适当倾斜。按照浙教工委〔2010〕8号文件要求,"进一步加强对思想政治教育系列专业技术职务评聘工作的领导,按学校岗位结构比例,合理设置专职辅导员的中高级专业技术岗位和管理岗位。要坚持工作实绩、科研能力和研究成果相结合的方针,充分考虑辅导员的岗位职责和工作特点,完善评聘办法。对于工作业绩突出,在关键时刻表现突出的辅导员,可破格晋升。要根据辅导员的岗位特点、任职年限及实际工作表现,确定相应的级别待遇。"

第二,建立科学合理的辅导员评价体系。根据辅导员岗位要求与特点,按定性与定量相结合、过程与结果相结合、常规工作与突发事件处置相结合的原则,建立科学化、规范化的考评制度,形成学生、院(系)、学校评价三位一体的工作机制。考核结果要与辅导员的职务聘任、奖惩、晋级等挂钩。

第三,明确专职辅导员的出路和待遇。高职院校要关心专职辅导员的工作、生活和出路,认真落实有关政策,从制度上解决好他们的职务、职称、待遇、发展等问题;完善专职辅导员的评优奖励制度。将优秀专职辅导员的表彰奖励纳入各级教师、教育工作者表彰奖励体系中,按一定比例评选,统一表彰;要树立一批专职辅导员工作先进典型,宣传他们的先进事迹,充分肯定他们在大学生思想政治教育中的贡献;专职辅导员的岗位津贴要纳入高职院校内部分配体系统筹考虑,确保专职辅导员的实际收入与学院同级别、同层次的专任教师的实际收入水平相当;专职辅导员应享受所聘岗位的岗位津贴;在院内教职工福利方面,高职院校专职辅导员应与本院相同资历、相应职务的专任教师享受同等待遇;高职院校要统筹规划专职辅导员的发展出路。"凡在专职辅导员岗位上工作满一定年限的人员,根据工作需要、本人条件和意愿,应有计划地做好他们的'提、转、留'工作:(1)提:对那些政治素质好、业务能力强、有发展潜力的中青年思想政治工作的骨干作为党政后备干部予以重点培养,根据工作需要逐步提拔使用;(2)转:转到教学、科研或管理工作岗位;(3)留:继续留在学生思想政治工作岗位上并加以培养。通过以上措施,在动态中不断优化专职辅导员队伍,促进干部交流,建立积极向上、不断进取的选拔培养机制。"①

（三）提升辅导员队伍整体素质：以浙江金融职业学院为例

为进一步加强辅导员队伍建设，提升辅导员的整体素质和工作水平，各高职院校应制订并实施辅导员素质提升计划。2011年，浙江金融职业学院制订了《辅导员素质提升计划》；2013年，制定了《青年教师担任辅导员管理办法》。其具体做法如下：

1.辅导员素质提升计划的目标和基本原则

辅导员素质提升计划的目标为：争取用3～5年的时间，通过集中培训、定向培养、重点资助、个别跟踪等形式，分期分批对学校辅导员进行系统轮训，使其理论素养和职业能力明显提升，学历、职称结构明显改善。

辅导员素质提升计划的基本原则为：按照必选模块和自选模块相结合，学院提供学习培训平台和个人自学相结合，参加省委宣传部、省教育厅培训与校内工作实务相结合的原则开展辅导员素质提升计划。

2.辅导员素质提升计划的内容

重点加强校园安全稳定维护、学生发展指导、学生事务管理、学生生活指导等职业化培训，鼓励辅导员获得心理咨询师和职业指导师等资格证书。

辅导员岗位的必备模块。结合辅导员工作实际，辅导员应着重加强一个或几个方面的学习，使自己在原有的基础上有所提升，并取得相关证书。主要内容有：硕士或者博士研究生学位，国家心理咨询师职业资格证，职业指导师职业资格证，安全稳定知识和突发事件应急处置办法，设立并高效使用网上工作论坛、微博，开展基于工作的研究并发表相关文章或承担相关课题。

辅导员岗位的自选模块。辅导员可结合自己的专业、兴趣等情况，设定发展适合的自选模块。

3.六大平台，提升辅导员育人能力

第一，搭建青年教师学工履历平台，配足配强辅导员。按照"专职为骨干，专兼结合，优势互补，动态平衡"的原则，配足、配强辅导员。浙江金融职业学院规定，青年教师是辅导员队伍建设的重要组成部分，青年教师进入学院工作后，一般在5年内应担任辅导员工作2～3年。青年教师在担任辅导员工作期间，应按照辅导员管理，承担辅导员的工作职责，同时享有辅导员相关待遇，并按照行政岗位考核。

---

① "关于进一步加强学生工作队伍建设的意见"[DB/OL]. http://www. kmmc. cn/kmmc/DisplayPages/ContentDisplay_547. aspx? contentid＝2565,2014-5-18.

　　第二，搭建辅导员行政发展平台，为辅导员提升创造条件。从 2011 年开始，浙江金融职业学院每个系配备一名学工办主任，科级。为辅导员行政发展搭建了平台，使得辅导员看到行政发展的希望。

　　第三，搭建辅导员学习提高平台，加强学习型队伍建设。浙江金融职业学院新近辅导员每年参加教育厅组织的"新上岗辅导员培训班"，同时学校邀请校内外专家、教授、相关职能单位负责人进行培训讲座，提升辅导员职业素质。浙江金融职业学院辅导员培训工作以增强辅导员的"三识"为目的，积极组织辅导员走出"三门"，开好"三会"，说好"三情"，出好"三集"，做好"一赛"、办好"一沙龙"等工作。"三识"即增强辅导员的知识、见识、胆识；"三门"，即创造条件鼓励辅导员走出校门、走出省门、走出国（境）门；"三会"，即做好暑期工作会议、工作例会、案例研讨会；"三情"即做好总支书记说系情、辅导员说学情、班主任说班情活动；"三集"是汇编出台辅导员案例集、论文集、"千日成长工程"育人成果集。"一赛"，即组织好学校的辅导员职业技能大赛，积极参加全省的大赛。至目前为止，浙江省举办了两次辅导员职业技能大赛，学院辅导员均积极参与并获得了三等奖两次。举办辅导员业务素质提升沙龙，为辅导员提升业务能力创造了积极的条件。

　　第四，搭建科研助推平台，鼓励辅导员开展基于工作的研究。浙江金融职业学院将辅导员的科研纳入学校的科研工作规划之中，按一定比例设立大学生思想政治教育定向课题。已设立三年，每年 10 余项院级课题。鼓励辅导员申报省教育厅面向专职辅导员单列的 100 项大学生思想政治教育课题。鼓励辅导员申报各思政类别课题，已有一人获得并结题省哲社规划课题。

　　第五，搭建辅导员青蓝结对平台，做好"传、帮、带"工作。浙江金融职业学院积极实施"辅导员青蓝工程"，由有经验的老教师（多数是副处级、副教授以上）与辅导员结对，通过具有丰富学生工作经验和较高理论研究水平的专业人员作为导师，对年轻辅导员在工作方法和理论研究方面进行"一对一"指导，加强对辅导员的人文关怀，促使青年辅导员学习工作方法，积累经验，提高工作能力和水平，逐渐形成老中青相结合的"传、帮、带"工作机制。

　　第六，搭建辅导员职业规划平台，鼓励专业化、职业化发展。2013 年，浙江金融职业学院再次投入 8 万元改造辅导员寝室，为辅导员创造良好的学习、休息环境。在保障辅导员工作的基本条件的基础上，学院创造条件，全部解决了担任辅导员的事业编制问题。鼓励辅导员承担思想道德修养与法律基础、形势政策教育、心理健康教育、就业指导、党课团课等相关课程的教学工作。辅导员应结合自己的专业背景和综合素质制定职业发展规划，学生工作部及相关系（院）加强职业规划指导，为辅导员制定职业生涯规划，进一步加强辅导员队伍专业化、职业化建设,鼓励一部分辅导员成为学生思想政治教育和学生事务管理的专家,长期从事辅导员工作。

4.鼓励辅导员投身学生工作,助推学生发展

经过几年的努力,浙江金融职业学院辅导员队伍建设得到长足发展,他们以学生成长成才为目标,以思想政治教育为核心,以学生发展指导为主体,以学生事务管理为基础,寓教育于引导之中,寓指导于辅导之中,寓管理于服务之中,为学生的成长成才,为学校学生工作稳步发展发挥了重要的作用。具体而言,在以下几个方面尤为突出:

第一,"以生为本",敬业奉献。2000 年,学院提出并构建了以"关爱学生进步、关注学生困难、关心学生就业"为主要内容的"三关"服务体系;2010 年,学院提出并将"有利于学生健康成长、有利于学生素质提升、有利于学生就业创业、有利于学生可持续发展"作为检验育人工作得失成败的衡量标准,促进了人才培养质量的提高。2008 年,学院将 5 月 23 日确定为"爱生节",谐音为"吾爱生";2011 年,将 11 月 23 日确定为深化"爱生节"活动日,寓意为爱生为本、爱生为办学的第一理念。目前,爱生的理念在学校已深入人心,尤其体现在辅导员的实际行动中。例如,2012 年《辅导员、班主任工作文集》、《学生工作案例集》中收录的辅导员闫春飞老师的"运用倾听和共情有效化解学生宿舍矛盾的工作案例"和周哲老师的"短信沟通,无声胜有声"的案例,讲的都是辅导员利用休息时间,反复了解并化解学生冲突的典型事例。天津职业大学校长董刚说:"职业可能把 8 小时之内和 8 小时之外分得很清楚,8 小时的工作完成后便可将工作束之高阁、抛之脑后了;事业往往就没有认为的时间界限了,全身心的投入,或是你一天中的所有时间,抑或是你一生中的全部时光。"

第二,学生安全,校园稳定。浙教工委〔2010〕8 号文件规定辅导员的主要任务之一是:"以妥善处理涉及学生各种冲突,化解各种矛盾为重点的校园安全稳定工作。"在实际工作中,辅导员不仅发现并及时化解了学生各类冲突,还为学院及时处置涉及学生生命安全的重大事件提供了宝贵的信息。例如,2010 年 11 月,学校生活区发生了一起突发事件,即被辅导员闫春飞及时发现并报告总值班,为学校制止并妥善处置赢得了宝贵的时间。2010 年 12 月,一山东籍男生在教室突发脑溢血,学生发现并报告辅导员,辅导员徐侃及时赶到并参与了事件的处置,为学生后续医治以及妥善处置赢得了宝贵的时间。

第三,心理健康,幸福成长。国家心理咨询师职业资格证是浙江金融职业学院要求辅导员岗位的必备模块之一。具备国家心理咨询师二级证书以及具有相应的心理健康知识,有利于辅导员积极开展工作。目前,浙江金融职业学院除了 2 名专职心理教师外,已有 6 名辅导员参加考试并获得了心理咨询二级证书,其他辅导员也在积极学习心理知识,报考二级心理咨询证书考试。学校除了请专家进行心理知识的专业培训外,在每年的暑期学生工作会议上,还会专门汇编学生工作案例供内部交流学习。

第四,专业结合,效果明显。自 2011 年浙江金融职业学院规定新进青年教师要担任 2~3 年专职辅导员工作以来,学生处、各系注重引导辅导员开展与专业相结合的育人工作,取得了一定的成绩。例如,金融系辅导员王立成利用所学体育专业为学生排练体育舞蹈,多次获得省级以上奖项;会计系辅导员王琴利用所学专业指导学生团队获得浙江省职业规划设计大赛一等奖;国际商务系辅导员蔡颖华利用专业知识指导学生国际知识大使团开展活动;信息技术系的专业教师路淑芳担任社团 E 帮帮指导教师,指导学生帮助各部门学员开展基于专业的动漫制作,将学生的专业知识学习与育人工作有机结合。

(四)关于辅导员队伍素质提升的一些思考

加强辅导员队伍建设,其根本在于落实教育部 24 号令。目前各省市、相关高校已在积极行动,虽仍有不尽如人意之处,但要看到辅导员队伍建设越来越得到各方面的重视;其关键因素是提升辅导员队伍的素质。有为才能有位。辅导员也需要在自己能力素质的提升和为学生服务中锻炼自己,获得尊重。笔者认为,辅导员做好本职工作应做到:一是守住底线,做出亮点。安全稳定工作牵涉到学生、家长、学校和社会方方面面。守住安全稳定底线,既是教育部 24 号令的要求,是辅导员工作职责之一,更是辅导员服务学生最关键的工作,应抓实抓好。二是亲近学生,做好服务。爱生乃学校之本。作为直接和学生接触的辅导员要牢固树立爱生理念,在爱生理念下做好服务学生工作,学生会记得任何一个真正关爱自己的老师。辅导员应在务实、敬业与爱生中设计载体,做好服务学生发展的各项工作。三是提升素质,共同发展。不患无位患所以立。做好辅导员工作,需要具备基本的能力和素质。而能力和素质的提升不是与生俱来的,需要的是后天的学习和实践。能力和素质的提升,要求辅导员既要做好 8 小时之内的工作,又要加强 8 小时之外的自我学习提升;既要向领导及身边的人学习如何看待、分析、解决问题的方法论,又要利用好假期充电提高;既要抓住提升的机会,包括一定时间后的转岗,又要安于岗位,调整心态,当好辅导员,做好专业化发展和职业化发展。打铁还需自身硬。辅导员要在提升素质中服务学生,在服务学生发展中与学生共同发展。例如,浙江金融职业学院在重视辅导员队伍建设,近年来,在浙江省举办的两届高校辅导员职业能力大赛中,闾春飞、俞婷分别获得首届、第二届大赛三等奖。还能够说明浙江金融职业学院辅导员成长的案例是学院组织申报的辅导员工作项目获得教育部首届辅导员工作精品项目。为引导高校辅导员加强工作研究、深化实践成效、提升理论素养,促进辅导员工作规范化、精品化、科学化,推进辅导员队伍专业化、职业化建设,提升大学生思想政治教育工作质量。2013年,教育部组织开展了全国高校辅导员精品项目评比活动,该活动围绕高校辅导员工作职责,重点培育和资助高校辅导员教育教学工作项目。在申报环节中,教育部直属高校直接申报,每校限报1~2项,各省级教育工作部门负责遴选推荐3~5项所属地方院校项目(不含教育部直属高校,每校限报1项)。根据《教育部思想政治工作司关于开展高校辅导员工作精品项目建设的通知》(教思政司函〔2013〕60号)要求,经各地教育主管部门遴选报送、专家组评审,2013年全国高校辅导员工作精品项目评选工作领导小组审定,最终确定了35个项目为全国高校辅导员工作精品项目。浙江金融职业学院"培育'金手指'成就新'银领'"获得教育部精品项目,排名第10位,位列全国两所入围的高职院校辅导员工作精品项目之一。

第四节　高职院校学生干部队伍建设

　　高职院校学生干部泛指在学校中由学生担任的,选聘学生在学生工作部门、组织(学生会、社团等组织)中承担一定职能或负责实际工作的学生,他们通常德才兼备,具备一定管理能力与组织水平,在学生中有一定的威望。加强学习型学生干部队伍建设,有利于提升高职院校学生干部队伍素质,有利于加强学生教育管理服务工作,有利于促进包括教师在内的学生工作队伍总体素质的提升。

一、高职院校学生干部队伍建设的现状

(一)高职院校学生干部队伍的地位与作用

　　"高校学生干部是各级学生组织的骨干力量,是学生中的优秀分子。由于他们的特殊身份,在维护学校正常教学管理秩序、推动校园文化建设方面发挥着老师和普通同学不可替代的作用。既能保证学校各项日常管理事务的正常执行,又能充分发挥学生自我管理的能动性。"[1]同样,高职院校学生干部队伍是学校与学生的桥梁和纽带,是高职院校各级学生组织的核心力量,是学生自我教育、自我管理、自我服务的重要力量,是学校就业工作和校友工作持续发展的积极促进者,是学生群体中的佼佼者,是学生工作队伍的重要组成部分。

1.高职院校学生干部队伍是学校与学生的桥梁和纽带

　　学生干部承担着上情下达和下情上传的作用。他们既把学校对学生工作的

① 秦学锋.运用学习型组织理论构建高校学生干部队伍[J].科教文汇,2012(2)上旬刊:184.

要求、意见，对学生的期望，希望学生了解的重大事件、相关政策等以学生易于接受的方式传达给其他同学，又将学生中存在的问题，学生对教学管理等方面的意见和建议汇报给教师，使得学校能够及时准确地了解学生情况，有的放矢地解决学生反映的问题；他们积极参与学校相关制度政策的制定工作，又以积极的行动维护制度的落实，能够有效地缓解学生工作中教师的压力并提高学生工作的效率，更好地服务学生的成长成才。

2. 高职院校学生干部是学生自我教育、自我管理、自我服务的重要力量之一

高职院校与社会结合得非常紧密，它既承担着学生知识与技能的传授功能，承担着学生思想政治教育的职责，又要积极开展实践育人工作，为学生走向社会做好充足的准备工作，发挥着学生走向社会的"缓冲带"作用。作为接受高等职业教育的多数学子而言，需要做的主要工作就是为就业做好知识、技能的准备。为此，要做好走向工作岗位的职业道德的准备工作，要增强本领提升适应社会的能力。学生的自我教育、自我管理、自我服务是缓解学校管理压力，提升学校办学效益的重要工作，是学生提升能力的重要途径，也为学生即将走向社会、适应社会需要做好了必要准备。高职院校学生干部在做好教育管理服务工作的同时，锻炼着自己的能力，维护着学校正常的运行，服务着学生的成长成才。

3. 高职院校学生干部队伍是学生群体中的佼佼者

高职院校的学生干部是学生群体中的佼佼者，他们在学习、行为、思想、工作能力等方面比其他同学要更加优秀，是学生中的骨干，发挥着示范作用和模范带头作用。他们会以自己的优秀表现和积极的工作带动一批学生积极进取，他们的工作主要以朋辈易于接受的方式开展，是学生工作教师开展工作的重要补充。

4. 高职院校学生干部队伍是学校就业工作和校友工作持续发展的积极促进者

"通过对高职学生干部与非学生干部在工作 5 年后职业发展状况的比较，得出高职学生干部的职业发展质量要优于非学生干部。研究显示，学生干部经历能够提升学生的气质形象、综合素质、实践能力、学习能力，甚至是就业资本，从而提升综合就业能力。"[1]高职学生干部在工作单位能较快地适应和更好地发展，他们取得的成绩能够为学校赢得更好的声誉，为学弟学妹的发展创造更好的空间。同时，在学校担任学生干部的经历能够让他们比普通同学更加认同学校的理念和做法，进而能够做到积极主动凝聚广大校友的力量，为母校的发展作出更多更大的贡献。

---

① 陈齐苗,俞晓婷.高职学生干部经历与职业发展的关系研究[J].黑龙江高教研究,2013(3):153.

（二）高职院校学生干部的素质要求

高职院校的学生干部是学生中的优秀者,他们既是学生又要带领组织学生做好各项工作,与普通同学比,高职院校学生干部的某一个或某几个方面的素质要明显强于其他同学。"调查显示,从学生工作人员、学生干部自身、非学生干部三个层次,均认为学生干部应具有或已体现的重要素质有:责任感、实干精神、人际交往能力、团队协作能力、组织能力、有工作激情、集体主义、协调上下级关系的能力、决策能力和善于用人的能力,等等。"①此外,高职院校学生干部还应在学习、行为、遵守校规校纪等方面起到带头作用,在思想上积极进取,主动向党组织靠拢。综合而言,高职院校学生干部的素质要求应包括:一是思想政治素质。"包括政治方向、思想觉悟、思想作风、思想修养和科学的世界观、人生观、价值观,还包括工作责任心、事业心、服务意识和奉献精神等。学生干部必须有较强的思想素质,严于律己,积极发挥榜样、表率和骨干作用。"②二是文化修养素质。包括知识面、文化内涵、学习成绩,还包括职业技能、实践能力、个人修养和人格魅力。三是能力素质。高职院校学生干部"应具备和不断培养提高以下能力:学习能力、表达能力、组织管理能力、收集处理信息的能力、社交能力、团结协作能力、创新能力、理解能力、应变能力和包容能力。这些素质是学生干部开展工作、适应要求的必备条件。四是心理素质。学生干部比普通同学接触更复杂的人际关系、处理更琐碎的事务,他们必须具有良好的心理素质、正常的心理态度,培养广泛的兴趣、丰富的情感、坚定的意志,勤奋、务实、顽强、进取,善于控制自己的情绪,经得起挫折和失败"③。

二、目前高职院校学生干部队伍建设存在的问题

（一）部分学生干部不能合理地处理学习与开展学生工作的关系

结合高职院校近年来学生干部的特点和工作现状,从中发现部分学生干部不能合理地处理好学习与开展学生工作的关系。有的学生干部开展学生工作十分积极,把自己的大部分时间和精力投入到学院的活动和组织各种比赛中,更有个别积极的学生干部因为参加活动而选择逃课,他们关注的是活动中体验的快乐与得到的锻炼,但是耽误了自己的学习。以至于在每学期期末考试中学习成绩下降,部分学生干部存在着补考、重修的现象;同时也有部分学生干部不能很好地履行自己应尽的责任,更多地把时间用于自己的学习,基本不做学生工作或

---

① 杨瑾,马小藩.大学生优秀学生干部素质调查报告[J].思想·理论·教育,2005(3):56.

②③ 张焱浅.议高校学生干部队伍建设的激励机制[J].教育与职业.2008(12):52.

者应付了事,在学生中产生了极不好的影响。以上两种状态都是不对的,作为一名学生干部,应妥善处理学习与开展学生工作的关系,否则很难进一步发展与成长。

（二）部分高职学生干部目的功利化

当学生干部的直接目的是在做好学生工作的同时提升自己的能力和素质,根本目的在于服务学生成长成才,服务学校发展,为将来做到全心全意为人民服务奠定思想基础和做好能力准备。但部分学生干部看中的是当学生干部很风光;具有管理其他学生的权力;看重的是能够获得荣誉和表彰,能够优先加入党组织;看到的是将来就业时多一分竞争优势,由此满足的是部分学生干部的虚荣心,产生的是部分学生干部的功利化、浮躁化和世俗化。

（三）部分高职学生干部关键能力不足

一些学生干部不会分析思考,纯粹是为了组织活动而组织活动,为了参与活动而参与活动;一些学生干部缺乏毅力,缺乏实际的执行力,在行动上"被动多于主动";一些学生干部不会总结,不擅长提炼提升,所以纵然组织参与了多项活动,但仍然没有实质的成长和进步。种种现象的本质原因在于学生干部的关键能力不足。或许他们可以组织一些活动,或许他们有一些特长,但是作为一个干部应具备调研、思考、分析、总结、提炼以及理论素养等方面的关键能力。

（四）部分高职学生干部素质有待于提升

一是思想政治素质。学生干部对于党的路线、方针、政策和社会主义核心价值观的学习与否、认同与否直接关系其是否具有科学的世界观、人生观、价值观,直接影响着学生干部的工作责任心、事业心、服务意识和奉献精神,直接影响着学生干部在重大突发事件、群体性事件、敏感时段面前的态度和作用的发挥等。一些学生干部工作责任心不强,不够进取,不能够奉献,对于重大突发事件判断不准、立场不稳等现象出现的本质原因在于政治素质欠缺。二是心理素质。学生干部与普通同学一样要处理好学习、生活和工作的关系,与此同时,他们比普通同学承担着更多的工作,接触着更多层次的人群,处理着更加琐碎的事务和更加复杂的人际关系,其产生心理冲突的可能性也较普通同学要多。一些学生干部因为心理健康知识准备不足,因学习、生活和工作而产生心理冲突时无法及时妥善处置,影响了自己的心理健康甚至影响了其他同学。

三、加强高职院校学生干部队伍建设的举措

借鉴学习型组织的理论框架,加强高职学生干部队伍建设,主要从抓好三个环节、培养三种精神、锻炼三种能力入手。

(一)抓好学生干部培养的三个环节

1.竞争上岗,把好入口关

在高职院校学生干部选拔过程中必须把好进口关。应结合各级学生组织的实际情况,按照公开、公平、公正的原则,采用学生报名申请,所在班级(系院)民意测评,公开演讲竞聘,民主科学选拔的方式,将那些思想品质好、政治素养高、组织协调能力强的学生选拔出来,并将其放到合适的岗位中去,确保选拔人才的可靠性、可用性和可培养性。这样的竞争上岗,既是对入选的学生干部的负责,也是对未入选的学生的负责;既能够让学生公开、公平、公正地参加竞聘,又培养了他们的民主意识和竞争意识,为其认识社会,走上社会后能够积极主动地参加各类活动奠定良好的基础。

2.加强培训,把好过程关

加强培训是提高高职学生干部能力和素质的重要手段之一。各高职院校应高度重视学生干部的培训工作,建立起学生工作部、学生处、团委统筹规划,各系院结合专业特点积极实施的学生干部培训体系。该体系包括教材、课程、实训、规划等方面内容,具体涵盖到学生干部的政治素养、工作模式、团队合作精神、预警机制、突发事件处理、自我心理调适等内容。培训方式采取培训与工作相结合,必选内容与自选内容相结合的模块式教学。具体的培训工作既有理论教学,又有社会实践;既有素质拓展,又有活动组织;既有总结交流,又有公开述职;既有团队辅导,又有个别心理咨询。做到入职即培训,直至离岗,期间随着岗位和工作的深入,培训的内容也会发生变化;做到工作与培训相互结合,相互促进,通过培训,增强学生干部的业务能力,培养其自觉学习的习惯,增进情感,互动交流,分享经验。

3.加强考核,把好绩效关

对高职学生干部的考核是客观评价其努力程度、工作方法、工作成效的重要措施之一,是学生干部之间相互竞争,提高工作效率,相互学习提升工作能力的重要平台之一。学生干部的考评应结合其所在学生组织、服务对象和所接触教师的测评考察其工作方式和受欢迎程度,结合其文字总结考察其文字总结凝练提升能力,结合其公开述职及评分考察其语言表达及应变能力,结合其他学生干部的评价了解其优缺点,采取定期和日常考核相结合、定性和量化相结合的方式确保考核的客观公正性。同时,建立完善的激励机制,赏罚分明,使学生干部明确责任,提高工作成就感。

(二)注重培养高职学生干部的三种精神

1. 敬业精神

敬业精神是人们对待工作的一种态度和行动。当一个人能够做到爱岗敬业时,其能力的不足,工作中存在的困难也就变得渺小了,其对工作的投入和因敬业而引发的对自身能力素质的提升便足可以胜任工作了。具有敬业精神,可以带动人们具有大局意识、责任意识和团队意识。高职学生干部的敬业精神既是其做好本职工作的重要非智力因素,又是其走上工作岗位的一笔宝贵的财富。在日常工作中,负责学生干部的教师要能够看得到敬业的学生的努力,要能够及时表扬他们,进而在学生组织中形成崇尚敬业爱岗的良好氛围。

2. 进取精神

进取是一个人积极向上的态度和行动。"天行健,君子以自强不息",便是进取精神的写照。高职学生干部的进取精神包括追求真理,积极向党组织靠拢,主动提升自身的思想政治素质;有工作激情,锐意进取,勇于克服困难;务实守信,主动规范自身的言行;向上向善,向身边的同学、向社会传递正能量,等等。

3. 奉献精神

奉献精神是"我为人人"的写照,是"为人民服务"的重要组成部分。一个具有奉献精神的学生干部,其思想里自然少了些功利的想法和做法,少了一些浮躁和世俗,多了一些务实和积极。一个具有奉献精神的学生干部,也必然是一个实干的学生干部,是一个受身边同学欢迎的学生干部,坚持下去,也必将是一个全心全意为人民服务的人。

(三)注重锻炼学生干部的三种能力

1. 学习力

"所谓学习力就是学习动力、学习毅力和学习能力三要素。学习力是指一个人或一个企业、一个组织学习的动力、毅力和能力的综合体现。学习力是把知识资源转化为知识资本的能力。"[①]高职院校学生干部的学习力包含了学习的动力,即作为学生中的优秀分子,应做学生学习上的标兵;包含了学习的本源含义,即学好书本知识,练好技能,主动参与社会实践,在学习上做学生的榜样;包含了向身边的老师、学生学习,学习其积极主动的工作态度,学习其大方得体的工作方法,学习其工作中的优点;同时也包含了树立团队学习意识,建立学习型组织,

---

① "学习力"[DB/OL]. http://baike. baidu. com/link? url＝4mOEZ9bl4pGXXtodIIMztK75SnmT sxof Hvd 11QcR YkF2p1-BL92b5Ll-Wyo4MjH,2014-5-18.

树立终身学习意识,学习、工作相互促进,相得益彰。

2.执行力

"执行力可以理解为:有效利用资源,保质保量达成目标的能力。执行力指的是贯彻战略意图,完成预定目标的操作能力。""执行力包含完成任务的意愿,完成任务的能力,完成任务的程度。对个人而言执行力就是办事能力;对团队而言执行力就是战斗力;对企业而言执行力就是经营能力。"[①]对于高职学生干部而言,其执行力包含了执行任务的意愿和能力,其执行力的强弱直接关系到学生工作的效果。高职院校学生干部的执行力源于认认真真完成老师或各级学生组织布置的任务,然后结合自己的工作及思考提出合理的工作思路或设想,并由自己及其他学生干部共同实现。

3.创新力

"创新力又称创新能力。创新力按主体分,最常提及的有国家创新能力、区域创新能力、企业创新能力,且存在多个衡量创新能力的创新指数的排名。创新是指科技上的发明、创造。后来意义发生推广,用于指代在人的主观作用推动下产生所有以前没有的设想、技术、文化、商业或者社会方面的关系。也指自然科学的新发现。"[②]高职学生干部的创新力是指高职学生干部在学习力、执行力基础之上,能够主动查阅资料、积极开展调研工作,独立地提出并组织开展的有新意且适合在一定学生中举办的活动。创新力是学习力和执行力的最佳结合,也是学习型学生干部队伍建设的最终目的。

---

① "执行力"[DB/OL]. http://baike. baidu. com/link? url＝tfELKQw15OhDZq78j5Umk5tHsGN dwwmklr7-qmIhKC380JDC8mBDb-4SKb6-wP5S,2014-5-18.

② "创新力"[DB/OL]. http://baike. baidu. com/link? url＝AogtRpnG-HACGcyBAoNJ0U5MOor 1Plc GKMmAX6-Gfy30feNQe_pHQ4gPfINFrpqTGcZIg8wjXgcUhHnsfBLjF_,2014-5-18.

第七章　高职院校研究式学生工作方法

中国共产党第十八次全国代表大会将科学发展观确立为党的指导思想并写进了《党章》,科学发展观指导着当代中国的发展,同时也是高等学校人才培养必须要贯彻落实的育人观。党的十八大报告指出,立德树人是教育的根本任务,教育要培养具有社会责任感、创新精神和实践能力的人才。高等学校学生工作应围绕"培养什么人、如何培养人"的教育目标,不断探索学生工作的育人规律,努力探寻学生工作科学化的途径,有效促进大学生成长成才。以科学严谨的态度开展基于工作的研究,是做好做实学生工作,提升学生工作效果的重要方法。

第一节　高职教育背景下的学生工作及方法

一、高职教育

我国职业教育自改革开放以来,尤其是《中华人民共和国职业教育法》颁布后,取得了长足发展。根据《职业教育法》的规定,职业教育主要包括中等职业教育和高等职业教育。高等职业教育是一个有中国特色的概念,当前,对"高等职业教育"定位的共识是其具有"高等教育"和"职业教育"的双重属性。2006年,教育部颁布的《关于全面提高高等职业教育教学质量的若干意见》(教高〔2006〕16号)指出,高等职业教育作为高等教育发展中的一个类型,在我国加快推进社会主义现代化建设进程中具有不可替代的作用。高等职业教育作为职业教育的一个层次,在构建现代职业教育体系中要进一步发挥引领作用。从目前到2020年,我国要从一个人力资源大国建设成为人力资源强国,高职教育肩负着培养面向生产、建设、服务和管理第一线需要的高技能人才的使命。随着我国走新型工业化道路,以及建设创新型国家对高技能人才要求的不断提高,高职教育既面临着极好的发展机遇,也面临着严峻的挑战,因此,高等职业教育要发挥巨大的作用,就要按照党的教育方针组织和实施人才培养,把引导和帮助学生树立坚定正确的政治方向放在首位,把培养社会主义事业的建设者和接班人的根本任务紧密结合起来,从而促进学生的全面发展,为全面建设小康社会、构建社会主义和谐社会作出应有的贡献。

二、高职院校学生

十年树木,百年树人,教育学生并不是一朝一夕的事,它是一个潜移默化、润物无声的过程,是一项"慢功夫"。学生是学校的主体,没有学生,也就没有学校。在这个意义上,学生工作的重要性不言而喻,教师爱学生就等于爱自己的事业。那么,到底该如何看待高等职业教育,如何看待和对待学生,尤其是如何看待和对待高职院校的学生是摆在我们面前的重要课题。

高等职业教育的培养目标主要是使求学者获得某一特定职业或职业群所需的实际能力(包括技能和知识等),提供通向某一职业的道路。这里的"求学者"就是指高职院校学生,高等职业教育要坚持以服务为宗旨,以就业为导向,走产学结合的发展道路,为社会主义现代化建设培养千百万高素质技能型专门人才,这揭示了高等职业教育的核心内涵。马克思在《共产党宣言》中指出,在那里,每个人的自由发展是一切人自由发展的条件。这句话原本不是针对教育而讲的,但对教育工作者很有启发意义。对于个人的自由发展,教育应该起到特别的作用。

"培养什么人,如何培养人"是教育工作者必须思考的两个问题,也是我们做好学生工作的逻辑起点,广大学生工作者在工作实践中对方法的思考和探索,都不能偏离对这两个问题的回答。高等职业教育培养高素质技术人才,强调培养的学生应符合社会需求。因此,我们要针对高职院校学生的特点,培养学生的社会适应性,教育学生树立终身学习理念,提高学习能力,学会交流沟通和团队协作,提高学生的实践能力、创造能力、就业能力和创业能力,使其德智体美全面发展。大学教育要培养"一人整个之人格(知、情、志),而不是人格之片段"。学生已经是成年人了,多了解、多引导、多鼓励,使之能自我认同、学会交流、尊重他人,树立职业理想,而不是成为"单向度的人",丧失了批判和超越的能力。良好的人格、健康的体魄、精湛的技能、创新的思维,强大的抗压能力、沟通能力、团队精神都是培养人的重要方面。

大学之道,在明明德,在亲民,在止于至善。学生作为一个成长中的群体,他们有着不同的家庭背景,有着不同的兴趣爱好,有着不同的个性特征,有着不同的学习方式和生活方式,很难用统一的标准去衡量他们的成长质量。"80后"、"90后"学生的知识结构和方法论、甚至是信仰和情怀都与"50后"、"60后"乃至"70后"有明显的区别甚至是代沟。他们不只活在别人的评价里,更活在自己的想法里。他们信息渠道宽,学习、生活等各方面状态超出教师的想象。面对有差异的学生,应加强对教育工作方法的研究,实施有差异的教育。

随着高职高专划归职业教育与成人教育司管理,高等职业教育的职教身份更加特殊,高职院校的专科层次还将保留和持续。高职院校学制较本科院校短,其办学面临的市场情况也发生着一定的变化,人才培养需要调整和优化——培养学生的职业精神、职业礼仪、职业技能("三职")应该摆到更加突出的位置;营造良好的职业教育氛围,推进与职业岗位的融合,建设职业化师资队伍更加迫切;随着高等教育从大众化向普及化的推进,高等职业教育重心下移,着力培养面向基层一线、从事基础业务、适应基本工种("三基")应该是我们人才培养的直接目标。作为培养高素质应用型人才的基地,高职院校应结合其实际情况,有效开展学生工作,促使学生工作者真正肩负起对大学生思想引导、事务管理、职业规划、成才导航的重任。那种期待仅仅在大学教育阶段解决学生成长中的所有问题是一种奢望,因此,要有选择、有重点地研究,分层次、分阶段地实践,实现"学生全面发展",促进大学生健康成长成才,推动高职教育事业的又好又快发展。

三、高职院校学生工作

联合国教科文组织提出"学会学习、学会做事、学会共同生活、学会生存","学生发展"是其中论及的问题,究竟应以学生的"什么发展"为本,各家都有自己的见解,如"和谐发展"、"主体性发展"、"自由发展"、"多方面发展",等等,这些观点从不同的角度给人以启发。"发展"作为一种开放的生成性的动态过程,不是外显的,也不是内发的,人的发展只有在人的各种关系与活动的交互作用中才能实现。大学不再简单地以教条的方式告诉学生该怎么做,而是潜移默化地影响着学生的成长。大学教育意味着"一棵树摇动另一棵树,一个灵魂唤醒另一个灵魂"的魅力,在于独立之精神、自由之思想。在这里,学生学会独立:独立生活、独立思考;学会自主:自主学习、自主选择、自主管理;学会规划:规划学业、规划职业、规划人生。

高校学生工作是一种旨在为促进学生发展所必需的学生事务的组织活动过程。随着高等教育的发展,高校学生工作在高校中的地位日益重要,促进学生发展的学生事务管理使命,已经成为高校使命的具体体现之一,是高校人才培养的重要组成部分。特别是《中共中央国务院关于进一步加强和改进大学生思想政治教育的意见》等文件陆续颁布与实施以来,高校学生工作形式、内涵都发生了变化,从整体情况看,高校学生工作在高校育人工作中的地位和作用也越来越被重视。2010年颁布的《国家中长期教育改革和发展规划纲要(2010—2020年)》把提高教育质量作为教育发展的三大任务之一,全面提高高等教育质量是国家战略需求,而高校人才培养质量是高等教育质量的重要组成部分和核心内涵,"提高人才培养质量"、"追求好的、理想的教育"成为教育界的高频词。在高等教育的发展过程中,学生工作不断寻求突破与发展,不断进行管理创新,已经从高等教育的边缘或辅助的职责演化为高等教育重要的有机组成部分。

随着学生工作的理论基础逐步丰富,对我国高职院校学生工作释义主要从主观层面、客观层面角度划分为思想政治教育和学生事务管理两个子系统或两个体系。思想政治教育子系统的主要工作内容是学生思想教育、党团教育、道德教育、法制教育等,重点关注主流价值观、道德观、民族文化、多元文化等对大学生成长的影响及其传承和发展的规律。学生事务管理子系统主要工作内容是对学生在课外所涉及的具体事务,如招生与学籍、就业指导、学习指导、学生寝室、学生资助等,重点关注作用于学生的生活世界、生活事件、具体事务、学生活动以及学生事务管理专业化的规律。高职院校学生工作在人才培养过程中起着不可代替的作用,是令人尊重的工作。这就要求高校学生工作主动适应这些变化,从传统的工作思维方式中解放出来,与时俱进,不断总结,从实践中研究高校学生工作规律,探索新时期高校学生工作的新模式。

四、高职院校学生工作方法

有人说高等职业教育是"低进高出"的教育,这在一定意义上正反映了高职院校学生工作的重要性。正确理解和把握高职院校学生工作,与时俱进地创新工作方法和模式,对于维护高职院校稳定发展、促进大学生成长成才具有积极意义。随着社会主义市场经济体制的逐步完善,我国高等教育事业快速发展,高等教育体制改革逐步深入,传统的学生工作观念、方式和体制已很难适应形势发展的需要,必须用新的思路加以改革和创新。"工欲善其事,必先利其器",通过创新工作方法,加强研究,探索规律,实施行之有效的教育以取得事半功倍的效果。当前形势下,由于大学生处在道德社会化和生活社会化的社会大环境中,尤其是在高职院校校企合作、工学结合的背景下,探讨进一步做好高职院校学生工作的有效方法非常有必要和有意义。

在客观分析当前高职院校学生工作的现状,认清高职院校学生工作的传统优势和面临的挑战的基础上,高职院校学生工作必须创新,首先是理念的创新,其次是体制的创新,最后是方法的创新。高职院校学生工作方法上要坚持育人为本,德育为先,把立德树人作为根本任务;进一步加强思想政治教育,把社会主义核心价值体系融入高职教育人才培养的全过程;要高度重视学生的职业道德教育和法治教育,重视培养学生的诚信品质、敬业精神和责任意识、遵纪守法意识,培养高素质、高技能人才;当然,在这个过程中,要加强辅导员和班主任队伍建设,加强党团组织建设,积极发展学生党团员。一所好的学校,不仅关心学生的学业,还要培养学生的教养,还要为学生建设美丽的校园,创造优越的条件,提供温馨的环境,比如宿舍、教室、设施等育人环境,形成育人的"能量场",激发育人的"正能量"。

学生工作方法是一个复杂的系统,这里面既包括组织结构,也包括思想和行为模式,这是一个情感交流、道德发展和人格完善的过程。学生在这个过程中不是被动的接受者,而是积极的建构者。卢梭在《爱弥尔》中主张孩子要抛开课堂,到大自然中去,让自己的手脚和眼睛当第一位老师,从直接的经验中学习,这在哲学上为现代教育奠定了基本的原则。尊重学生的主体地位,调动学生的积极性,避免空洞的说教,从生活中提取有用的资源;不仅仅从道德层面倡导,而且从制度上构建一套行之有效的体系和机制。通过学生工作者与学生的真实交往,与学生说贴心话,了解学生在想什么,真正掌握学生的生活实际,利用开放的平台,在更多场合,如课堂、寝室、社团、实习单位等,与学生密切联系,了解其情感需求,优化管理与服务的内容,设计科学合理的项目和活动,促进学生的发展。

第二节　研究式学生工作方法:高职院校学生工作内涵创新的重要手段

一、方法与方法论

从历史的角度看,"方法"的内涵经历了一个不断丰富、扩展和深化的过程。语义学对方法的解释是"按照某种途径"(源自希腊文"沿着"和"道路"),指的是为了达到一定的目的而必须遵循的调节原则的说明。后来"方法"一词被最广泛地理解为工具与程序。方法,不仅是一种技巧技术,也是一门艺术,其实质在于规律的运用。运用科学的认识方式,遵循规律就成了方法。人们对"方法"内涵的认识存在着一个发展过程,随着时间而不断丰富。从把方法看作对某类静态物度量的规范到对活动的程序、途径、手段的规范;从对个别方法的理解到对方法体系的认识;从对方法功能的认识到对方法结构的认识。人们还把行动操作的方法与思维的方法结合起来,作为方法中不可缺少的、相互依存的两大组成部分。

方法的含义较为广泛,一般是指为获得某种东西或达到某种目的而采取的手段与行为方式。它在哲学、科学及生活中有着不同的解释与定义。列宁指出:"方法也就是工具,是主观方面的某个手段,主观方面通过这个手段和客体发生关系。"根据《辞海》中对"方法"的定义,方法指为达到某种目的而采取的途径、步骤、手段等。一种方法就是对这种关联方式特殊性方面的一个概括,方法主要解决"怎么做"的问题。系统评价作为人类管理活动的一个领域,多种方法就形成了各种各样的方法体系,也就是通常所讲的方法论。方法论是指人们认识世界、改造世界的一般方法,是人们用什么样的方式、方法来观察事物和处理问题。方法论是一种以解决问题为目标的体系或系统,通常涉及对问题阶段、任务、工具、方法技巧的论述。方法论会对一系列具体的方法进行分析研究、系统总结并最终提出较为一般性的原则。唯物辩证法认为,世界上的一切现象都处于普遍联系和永恒运动之中,事物普遍联系的最本质形式和运动发展的最深刻原因是矛盾着的对立面的统一。因此,孤立地、静止地看问题的形而上学思维方法是错误的,而矛盾分析法是最重要的认识方法。

二、研究式学生工作方法的理论基础

所谓研究式学生工作方法,是"研究式学习"的一种创新形式,其主要内涵是"在研究中工作,在工作中研究,把工作当成一门学问来研究"。使用研究式学生工作方法的目的不是搞纯学术研究,而是为了指导工作进行的,其要义是采用"干中学"的办法,面对工作中遇到的新挑战,善于提出问题、研究问题、解决问题,勤于反思总结,注重成果转化,不断提高工作能力,还在于引导研究方向,创造研习氛围。它要求我们学生工作者紧密结合工作实际,在拓展学生工作研究内容上求提升,在学生工作理论指导实践上见实效,以研究式学生工作方式取得良好的工作成效。笔者认为,一个可行的、高质量的工作方法必须以科学性作保障,以下就围绕价值、构成和任务三方面探讨研究式学生工作方法及其理论基础。

(一)价值

教育不可能回避价值问题,这是对教育研究中价值与事实关系判断的一个前设。从历史来看,每当社会发生重大转型时,人们对教育的批判,往往是从价值批判开始,从重新认识教育的价值和目的开始,并且以此为依据和出发点,再对现实的教育活动做出更具体的评析,提出新的原则、方案乃至方式方法。长期以来,我国高校学生工作的研究主要采用思辨阐释和逻辑推理的定性研究方法。近年来,对此领域的研究也开始大量采用定量的、实证的研究方法,包括问卷调查、访谈等,有些研究还采用了数字化、网络化的调查研究方法。随着社会的发展和人类活动的深化与拓展,知识的运用和创造走向两极:一是更加综合;二是更加细化。从宏观上讲,人类活动的知识应用更加趋于综合;从微观上讲,人类活动的知识应用更加趋于细分。从基础理论研究和实践应用研究的两个方面来讲,基础理论研究虽然更多地依赖个体性的研究,但知识的复合、理论的交叉越来越扩展到边缘性学科;实践应用研究则越来越注重团队和研究队伍知识结构的互补性。正如科学社会学创始人莫顿所言,科学总是把目光投向新的问题、新的领域,总是追求新的发现、新的方法、新的理论。在高校学生工作中,研究式学生工作方法的价值在于深化理论认识和改进实践工作,研究式工作方法的开发和运用为学生工作的拓展提供了新的机遇。

(二)构成

研究式学生工作方法本质上属于教育研究方法,其符合教育研究方法的特性,即一是研究目的在于探索教育规律,以解决重要的教育理论与实践问题为导向;二是要有科学假设和对研究问题的陈述,研究的问题有明确的目标和可供检查的指标;三是有科学的研究设计,准确系统的观察记录和分析,并收集可靠的资料数据;四是强调方法的科学性;五是强调方法的创造性。研究式学生工作方法在构成上坚持必要性和够用原则,围绕学生工作中的某个问题,通过种种途径和方法,进行科学的探索或思考。判断某个问题是否符合上述原则,首先是问题本身要新颖、有研究价值;其次是问题的提出有一定的科学理论依据和事实依据;再次是问题表述必须具体明确;最后是问题研究要有可行性。在研究的过程中要强调与现实生活相联系,增强问题的鲜活性;要与学生的思想实际相联系,增强问题的针对性;要与社会实践相联系,增强问题的实效性,并力图对问题能够比较全面地、科学地作出判断和解决,使整个研究过程既符合人文求善的批判精神,又符合科学求真的实证理性精神。

(三)任务

从历史和现实来看,谈起学生工作方法,各个学生工作者都有自己的看法,可谓"公说公有理,婆说婆有理"。在方法研究中,方法通常是针对人们做事的一个领域,如管理中的方法称为管理方法。一项复杂活动又包含许多部分和许多环节,在每个部分和每个环节又有各自的方法。因此,对人类活动中各种方法的研究是各门技术科学的基本和核心任务。研究式学生工作方法在认识上还必须从一般整体共通的层次上开始,即重新认识在学生工作育人中的价值,以及为培养怎样的人服务的问题。唯物辩证法认为,整个客观物质世界以及其中的每一个事物、现象都是多样性的统一。各自都有自身的结构,包含有不同的层次、要素,组成一个个系统;各个事物、现象、系统都有自身的个性;同时,它们之间又有着某种共性,共性存在于个性之中。多样性与统一性、共性与个性都是对立的统一。在把握大方向的前提下,需要更加注重细节,正所谓细节决定成败。通过研究式学生工作方法的运用,推动层次丰富的工作实践和制度创新,开展基于工作的研究,带着研究做工作,在工作中发现问题,研究高职院校学生成长规律,探索掌握行之有效的方法,使学生工作取得事半功倍的效果,这不仅是必要的,而且是实现学生工作的重要路径。

三、研究式学生工作方法的主要内容

从历史走向现实,从理论走向实践,高校学生工作遇到的难点和困惑均可以运用研究式学生工作方法加以解决。实践是主观和客观对立统一的基础,脱离实践必然会导致主客观的背离,产生主观主义,所以必须坚持实践以保持主观和客观的一致性。在认识过程中,要用实践检验人们的认识,要善于正确地运用多种多样的科学实验和典型试验的方法。以问题性质为标准分类,高职院校学生工作主要方法有理论方法(包含归纳、演绎、类比、分类、比较、分析、综合、概括等),实证方法(包含观察、问卷、访谈、测量)、实验研究方法(包含真实验、准实验)、历史研究方法(包含文献法、内容分析法)等。基于以上方法,产生了认识中的归纳法和演绎法、分析法和综合法、由感性具体到思维抽象和由思维抽象到思维具体的方法等。这些不同的方法也都是对立统一的,因而不能片面地抬高其中一种方法而贬低另一种方法,而要把它们各自放在适当的地位。

面对新情况,高校的学生工作必须走"职业化、专业化培养"的新路子。高职院校如何顺应时代发展的要求,加强学生工作的研究,寻找一条真正适应高职院校学生工作特点的职业化、专业化发展之路,提高学生工作的实效性,是学生工作者面对的一个新课题。研究式学生工作方法为学生工作提供一种选择和思路,运用它开展学生工作,是学生工作职业化、专业化的重要体现。当然,我们也不应该视其为唯一的途径和手段。如果缺乏研究基础的有力支撑,学生工作只能停留于表面和形式,无法真正触动既存的学生工作的实质。研究式学生工作方法打破了对"方法"一元化理解的框架,避免了把"方法"泛化与窄化的两种倾向,形成了多维度的研究方法,基于问题的方法,有着鲜明的问题意识和方法立场。"问题"和"方法"作为一种思维形式,有它的定义、规律和逻辑结构,聚焦于某个问题或问题的某个方面,确定解决问题的目标、内容、重点和方法。每个学生工作者都应该尽力对自己认为最重要的问题进行深入研究,对某个方面或某个问题进行研究。这是一种师生合作,共同参与的学生工作方法体系,由于它是根据学生的现实需要和问题设计的,因此,具有针对性和生命力。

(一)定位与方法

准确定位是工作科学化的基础。学生工作是高校人才培养的重要环节,也是基本性、直接性、保障性的育人工作,它是对全体学生实施的教育、管理、服务的总称。正确认识研究式学生工作方法的定位和作用是学生工作科学化的基

础。要实现学生工作的科学化,就必须回答"学生工作在人才培养中应该怎样准确定位"这个问题。高校人才培养体系主要是由"专业知识、技能学习系统"和"人格、个性培育系统"两部分构成。"专业知识、技能学习系统"即教学系统,以培养学生的智力因素、提高学生做事的能力为主;"人格、个性培育系统"即学生工作系统,以培养学生的情商、提高学生做人的能力为主。二者既有各自的特殊性、规律性,又是相互融通、相互影响的。教学工作是人才培养体系、人才培养质量好坏的中心工作,其主要任务是做好学生的成才工作;而学生工作既服从、跟进、协调于教学工作,服务育人大局,又有着自己的工作规律和特点,学生工作在学生人格、个性的培育中,在学生的成长中发挥着关键性的作用。学生工作者应努力成为学生日常管理的主导者,事务的服务者,生活的帮助者、咨询者、引导者。

（二）理念与方法

理念是行动的先导和灵魂,教育理念对教学起着指导和统率作用,一切先进的教学改革都是从新的教育理念中生发出来的。随着我国高等教育大众化的实现,党和政府对人才培养提出了新的要求。针对"90后"大学生呈现出的新特点,迫切要求高校学生工作直面时代与传统,革新工作理念。不同的学生工作理念引导着不同的学生工作实践。自从"素质教育"提出以来,人们越来越认识到"以学生为本"的重要性,"以生为本"理念和"学习者中心"模式逐渐成为教育界的主流价值取向。在这种理念指导下,学生工作者有责任激发学生,让学生将自己的经验与背景结合起来,同时,学生工作者和学生协商引发探究,提出学生工作的活动与方法。探索研究式学生工作方法,既是一种过程,也是一种结果。作为一种探究的过程,学生工作者和学生在亲身经历某件事情并获得相应的认识和情感;作为一种探究的结果,学生工作者和学生在这个过程中获得一种方法。

（三）问题与方法

"问题"和"方法"是科学研究的灵魂,它们贯穿在科学研究的始终,因而它们是科学哲学的一对重要范畴。"问题"是科学研究的起点,"方法"是科学研究的终点。英国科学哲学家波兰尼在其《解决问题》(1957)一文中说:"一个问题,就是一个智力上的愿望。"另一位英国科学哲学家波普尔认为,问题就是"背景知识中固有的预期与其所提出的观察或某种假说等新发现之间的冲突"。美国科学哲学家图尔敏在其《人类的理解》(1972)一书中,把科学问题定义为解释的理想与目前能力的差距。他提出一个公式:"科学问题＝解释的理想——目前的能力。"日本科学哲学家岩奇允街和宫原将平合著的《科学认识论》(1986)一书,把问题定义为:"问题是基于一定的科学知识的完成、积累,为解决某种未知而提出的任务。"方法是针对问题而提出来的,只提出疑问,没有解决问题的方法是不行的。正如我们平常在工作中经常所说的"方法总比问题多",就是这个意义上的理解。

（四）体系与方法

研究式学生工作不是仅用一种方法,而是使用各种不同的方法,找到适合学生特点的成长路径,带来新的教育洞见和智慧。通过研究整个人才培养系统,在一个不断变化的体系中,研究传统的学生工作方法和新形势下的学生工作方法。研究"真实世界的学生",发现"真实世界的学生工作",探索"真实世界的学生工作方法"。如果对研究成果适当地运用,应当能够阐明学生成长是如何运行的,以及当在运行中出现问题的时候如何有效地解决问题。之所以坚持这一点,是因为这跟当前高职院校学生对新的思想接受度很高的事实有关。旧的思维方式和工作方式已被部分抛弃,但新的方式还没发展起来。因此,需要在对高职院校学生工作进行认真系统的调查的基础上发展自己的观点,并依据"先易后难"的原则,尝试开展具有延伸性的研究,以形成科学完善的体系。

（五）队伍与方法

高职院校学生工作逐步走向专业化,而且,许多学生工作常常是由一个团队共同完成的。因此,在队伍建设和人员培养上,学生工作从业者必须通过严格的专业训练和自身不断的主动学习才有可能逐渐成长为一名专业人员。我们常说,学生工作者要有"妈妈的心、婆婆的嘴、哥哥的腿",要关注学生的所说、所想、所做、所感,通过这些行动,改变师生之间的关系和彼此对待对方的态度,改变师生对工作内容和方法的态度。"在更广阔的背景环境中,教师与学生之间存在的墙壁具有了'可穿透性',教师与学生之间的关系在实践中,比在课堂上有更多的平等和民主,其界限模糊成为一个中间地带,所有人都可以自然而然地进入这一地带。"（Baddely,1991）而在学校层面,通过政策引导影响学生工作者的专业化进程,帮助学生工作者通过不断培训进修,逐步提高其专业技能和职业素养。

（六）机制与方法

开发研究式学生工作方法的目的是破除体制与机制的藩篱,搭建研究式学生工作的有效平台。学生工作者提供给学生"脚手架",即实施方案和策略,起到辅助、支持和示范的作用,学生借助它可以发展他们独立完成学习和工作的能力。在这个原则的指导下,通过课堂之外的学习,使学生达到更新的水平和高度。"以生为本"的育人理念下,我们不是被动地对学生进行管理,而是在关注学生发展结果的同时也关注工作过程,将学校资源配置于最能发挥效用的地方。通过对学生分类,分层指导和培养,力图保持制度和机制的连续性和可比性。

通过以上对研究式学生工作方法综合内化式的探讨,我们认为,研究式学生工作方法的开发和应用要坚持客观性原则、创新性原则和理论联系实际原则,从而能随着学生的变化保持与时俱进,实现学生工作从管制性方法到促进学生发展性方法的演进和转变,当然,这也在更深层次上反映了高职院校学生工作发展的合规律性和必然性。

第三节 研究式学生工作方法的探索与实践

一、研究式学生工作方法:浙江金融职业学院的探索与实践

高等职业教育以就业为导向,以服务为宗旨,走产学研相结合的道路。如何培养人,培养什么样的人是重要的课题。高职院校的学生从高中生、中职生到社会职业人,需要具备适应社会环境的能力。围绕培养中国特色社会主义的合格建设者和可靠接班人的目标,浙江金融职业学院提出办"特色鲜明、人民满意、师生幸福"的高职教育的办学宗旨。

浙江金融职业学院是国家首批示范性高等职业院校,在举办高等职业教育初期,学校就倡导"一切为了学生、为了一切学生、为了学生一切"的理念,并坚持至今,已经有十多年。随着办学的不断发展,根据新形势和新要求,学院确立"以生为本"的办学理念。在这个理念的指导下,构建起"三关"即"关爱学生进步、关注学生困难、关心学生就业"的服务型学生工作体系。当前正在构建和完善发展服务型学生工作体系。这些理念和工作体系均是在缜密思考和详细论证基础上得出的科学结论,并经过多年实践检验的有效方法,学生工作富有特色与成效。近年来,学校不断巩固和深化"以生为本"的办学理念,实施学生"千日成长工程"。高职院校的学制通常为三年,学生在校约一千多天,通过一千多天的学习生活,实施"品德优化、专业深化、技能强化、形象美化"的四化工程,努力实现学生的成长成才,这充分体现了全员育人、全过程育人和全方位育人。2010年,学校创造性地设立"爱生节",体现了学院"大格局育人"的办学思路,这在全省、全国高职院校乃至全国高等学校都具有创新和示范意义。

在新的历史条件下,尤其是在建设学习型社会背景下,学校从学习型组织构建的角度,适时提出研究式学生工作方法,倡导广大学生工作者带着研究做工作,在工作中发现问题,并努力建设一支发展型、服务型、研究型的学生工作队伍。学校富有特色的学生工作赢得了共识,创造了品牌,获得了褒奖,不仅得到上级主管部门和兄弟院校的赞誉,更主要是获得了学生和家长的认同。不断完

善的发展服务型学生工作体系,立足于发展,致力于服务。全面实施学生"千日成长工程",是新形势下推进全程育人,进而构建立体化育人体系,贯彻立德树人、育人为本、德育为先的重要载体,也是学校的创举,应该进一步抓实、抓好,并努力抓出更大成效、形成更多理论和实践成果。

学校在学生工作过程中探索分层教育和分类引导,针对不同省份生源、不同考生门类,加强学情研究,推进因材施教,提高人才培养质量。根据市场需求和生源特点,实施分层次分类培养既符合人才培养规律,也有利于发掘学生个性。人才培养工作既重视常规意义上的普及性合格标准,也重视部分有特长的学生、精英学生的培养。学校学生生源类型有自主招生、单考单招"三校生"、普高生、退伍士兵等。经过近年来对学生的调研和访谈,学生的群体特点主要表现为:女生多、分数较高、农村生源多、非独生子女多。由于财经类专业性质及女生比例较大等原因,学生喜欢宅、有点静,喜欢说、有点闲,喜欢跟、有点慢,喜欢简单、有点懒,从众的多、独立思考少,被安排的多、独自组织活动少,道理懂的多、转化为实际行动的少,事情简单化操作的多、挑战自己的少。但从另外一个方面看,学生又非常具有可塑性。从学生成长经历看,与升入普通本科尤其是"一本"院校的学生相比,他们入学前被关注相对较少,一旦得到激励、认可、鼓励、激发、奖励,大部分学生都会有不俗的表现。从一年级学生的整体状态来看,他们都对大学生活充满憧憬,近八成学生对通过自身努力实现人生价值充满信心,整体精神面貌很好,如果学生工作者能对他们多一些关心和呵护,会有更多的学生取得更好的发展。基于工作过程导向的学生工作资源的开发和应用要面向学生,充分挖掘学生工作资源,开发活动包,让学生在活动中体验;同时也要面向教师,整合深化学生工作资源,开发活动指导包。在高等教育大众化背景下,学校学生的精神面貌总体积极健康向上。我们的学生文明礼貌程度较好,他们的表现得到用人单位和同行学校的钦佩和赞赏。

在今后的研究式学生工作方法实践中,我们将继续深化"千日成长工程",巩固"爱生节"成果经验,强化"四化"导向,继续坚持"135791",即"1 年熟悉岗位、3 年成为骨干、5 年成为主管、7 年实现发展(顺利优岗)、9 年初成事业、一生平安幸福"的职业发展规划,着力在基础知识、基本理论、基本业务上下功夫,不仅要关注学生专业"硬技能"的培养,更要注重学生从事任何工作所需要的"软技能"("通用技能")的培养,将研究式学生工作方法的成果转化为人才培养的实际行动,努力提高学院人才培养质量,进一步推进学校品牌建设。

二、研究式学生工作方法的深化与改进

(一)深化研究领域

科学研究是跨越学科界限的,研究式学生工作方法是高职院校学生工作者遵循科学的教育理念,以学生工作的专业自觉意识为动力,以学生工作方法与载体为主要途径而实现的,因此不只要从静态上把握学生成长规律,还要在动态中把握学生成长规律。学生工作机制创新是以工作的科学化为支撑,科学的学生工作机制是实现学生工作价值追求的组织保障。这里,有很多方面要向生物学和医学学习,这些学科从细胞层次逐步上升到器官层次来研究人的总体运转,不同器官之间相互协调的方式,以及当某个地方出现问题需要修复时该怎么做。学生工作系统的运行方式是很复杂的,它包含很多组成部分,而且每个组成部分之间相互作用。学生工作机制其关键在于建立"全校一盘棋"和"基础在基层"的全员育人格局与多部门、多层次、多方位、多内容的相互协调平台。

(二)夯实理论基础

研究式学生工作方法受两个方面的理论影响:哲学观念方面和具体实践方面。哲学观念方面主要受人本主义哲学影响,奠定了研究式学生工作方法以人为本的核心价值体系。具体实践方面主要受行动研究影响,取决于对学生群体和个体行为的观察和探究。学生工作者要转变自己的角色和定位,鼓励学生自主地通过参与来发展研究式学生工作方法,提高学生工作者的研究能力并强化团队专题研究能力。目前的研究多经验、少理论;重思辨、轻实证;重宏观政策宣讲、少微观心理探究;随意性大而专业研究甚少。具体研究内容存在的不足表现在:一是对学生个体发展规律的研究还不深入和本土化,还处在借鉴西方研究成果阶段;二是学生事务管理如何发挥学生自主性、参与性作用的研究没有与时俱进;三是学生事务管理自身的专业化建设研究缺乏系统性。通过将价值研究与事实研究相结合,将基础研究与应用研究相结合,将定量研究与定性研究相结合,实现由点到面,从线到片。前者如"高等职业院校素质教育机制创新及切入点研究——以浙江金融职业学院明理教育为例";后者如"高素养文化公民养成研究——以浙江金融职业学院公民素质教育为例"。通过整合,将分散的方法混合、融合、统合成完整的有机体,形成了一种新的立场和视域,呈现了一种新的思维方式,一种不同于传统的、简单的、线性的思维方式。

(三)增强实践意识

随着高等职业教育改革的不断推进,高职院校学生类型及需求多元化,学生组成更为复杂,学生工作的内容日益增多,新问题层出不穷,学生工作边界日益

扩充,职能日益宽泛、任务更加艰巨。因此,高校学生事务管理者需要不断深入了解学生需求,把握学生的动态发展;优化学生组织的结构,增设服务内容,增强管理的针对性;逐步完善学生参与学校管理的体制机制,实现管理方式的多元化,这就要求我们必须增强实践意识。毛泽东说:"我们共产党人无论进行何项工作,有两个方法是必须采用的,一是一般和个别相结合,二是领导和群众相结合。""从群众中集中起来又到群众中坚持下去,以形成正确的领导意见,这是基本的领导方法。在集中和坚持过程中,必须采取一般号召和个别指导相结合的方法,这是前一个方法的组成部分。"由于高职院校学生工作具有特殊性,这集中体现为对象的范围、结构与本源性对象以及教育活动性的特殊性,教育研究的性质与方法体系的特殊性,研究式学生工作方法的评估直接关系到学生工作开展的有序性和有效性,也影响着研究式学生工作方法的持续开发和推广应用,否则,计划赶不上变化,人才培养就失去了适切性。因此,我们要重视研究式学生工作方法的理论研究和实践总结,加强对研究式学生工作方法成果的宣传,推广研究式学生工作方法的应用。

研究式学生工作方法在浙江金融职业学院乃至我国其他高职院校都还处于一种尝试、实验的阶段,尚没有系统的参考和辅助材料,需要我们坚持不懈地进行探索与实践,不断总结经验,对这种方法进行完善,持续开发和推广应用。当前,全党在开展群众路线教育实践活动,从群众中来,到群众中去是开展工作的基本观点。笔者坚信,对学生正在发生和已经发生的事情的研究和理解,将会极大地帮助我们改进和丰富我们关于学生工作运转机制和工作方法对学生成长的影响的思考和分析,通过系统的规划和周密的分析,选择问题,整合资源,转化成果,开展研究式学习,加强创新性工作,统筹兼顾,将会对我国高职院校学生工作的方法论变革产生积极的推进作用。

参考文献

[1]埃德加·莫兰.复杂思想:自觉的科学.北京:北京大学出版社,2001.

[2]白海龙.高校学生管理工作的问题及专业化研究.黑龙江高教研究,2011(1).

[3]蔡国春.中美高校学生事务管理模式比较研究.青岛:中国海洋大学出版社,2007.

[4]蔡国春.21世纪我国高校学生工作的观念变革.吉林教育科学,2001(1).

[5]常顺英,矫春红:大学生学习引论.北京:北京理工大学出版社,2012.

[6]陈洁.高职院校就业指导现状分析与对策.教育与职业,2012(17).

[7]陈立民.高校辅导员理论与实务.北京:中国言实出版社,2006.

[8]陈立志,丁敏娜,李同果.高校学生工作科学化论析.学校党建与思想教育,2013(1).

[9]陈齐苗,俞晓婷.高职学生干部经历与职业发展的关系研究.黑龙江高教研究,2013(3).

[10]储朝晖.中国教育六十年纪事与启思(1949－2009).太原:山西出版集团,2013.

[11]储祖旺.高校学生事务管理教程.北京:科学出版社,2008.

[12]储祖旺,蒋洪池,彭湃.改革开放以来我国高校学生事务管理发展历程分析.中国高教研究,2013(3).

[13]大卫·帕尔菲曼.高等教育何以为高——牛津导师制教学反思.北京:北京大学出版社,2011.

[14]"调查称近四成受访大学生认为寝室关系不融洽",http://news.tzin-fo.net/Detail.aspx?id=33872.2014-5-18.

[15]丁东宇.论高校学生工作理念的深层转型.黑龙江高教研究,2006(5).

[16]杜玉波.全面推进素质教育 培养高素质创新人才.中国高教研究,2012(1).

[17]段志坚,毛尚华,刘金高,等.关于高职学生素质教育体系构建的研究.

中国职业技术教育,2012(24).

[18]范志超,等.大学生成长规律探索.长沙:湖南人民出版社,2010.

[19]弗兰克·戈步尔.第三思潮:马斯洛心理学.吕明等,译.上海:上海译文出版社,1986.

[20]盖晓芬.现代高等职业院校学生管理模式.杭州:浙江大学出版社,2010.

[21]顾翔.大学生管理.上海:华东师范大学出版社,1988.

[22]"关于进一步加强和改进大学生思想政治教育的意见",http://baike.baidu.com/view/4587127.htm.2014-5-18.

[23]"关于进一步加强学生工作队伍建设的意见",http://www.kmmc.cn/kmmc/DisplayPages/ContentDisplay_547.aspx? contentid = 2565,2014-5-18.

[24]国家教委学生司.大学生管理基础知识.北京:北京师范学院出版社,1991.

[25]国家中长期教育改革和发展规划纲要(2010—2020 年).中国高等教育,2010(8).

[26]韩文瑜.以学生为本 提高学生工作的科学化水平.中国高等教育,2010(8).

[27]郝贵生,等.大学生学习理论与方法.北京:人民出版社,2010.

[28]何淑贞,徐玉成.高职创业教育存在的问题及对策.教育与探索,2013(1).

[29]胡元林.基于胜任力模型的高校班主任队伍建设.教育探索,2011(1).

[30]黄达人,等.高职的前程.北京:商务印书馆,2012.

[31]黄淑忠.高校学习型学生政工干部队伍建设探析.长春理工大学学报(社会科学版),2012(3).

[32]黄晓波.我国高校学生事务管理:问题与对策.高等教育研究,2009(7).

[33]"坚定不移沿着中国特色社会主义道路前进,为全面建成小康社会而奋斗".http://phycjy.pinghu.gov.cn/readnews.asp? id=3121.2014-5-18.

[34]"教育部关于加强高等学校辅导员班主任队伍建设的意见",http://info.jyb.cn/jyzck/200604/t20060403_14216.html,2014-5-18.

[35]"教育部关于进一步加强高等学校学生公寓管理的若干意见",http://www.gov.cn/gongbao/content/2003/content_62548.htm.2014-5-18.

[36]"教育部财政部关于进一步推进'国家示范性高等职业院校建设计划'实施工作的通知",http://baike.baidu.com/view/4058537.htm.2014-5-18.

[37]"教育部财政部关于实施国家示范性高等职业院校建设计划加快高等

职业教育改革与发展的意见". http://www. doc88. com/p-312626456959. ht-ml. 2014-5-18.

[38]嵇芹珍.高职院校学生管理工作初探.学校党建与思想教育,2010(12).

[39]冀学锋.论高校发展型学生工作模式.高等教育研究,2006(6).

[40]贾永堂.走出误区 推进高校素质教育深入发展.中国高等教育,2011(15/16).

[41]"教育的本质什么". http://post. news. tom. com/DF0009105. html. 2014-5-18.

[42]李冰水,谭琪.比较视域下高校学生事务管理模式问题探讨.湖北社会科学,2010(2).

[43]李杰.马克思开辟的人学道路及其当代价值.北京:人民出版社,2012.

[44]李明秀.我国高校心理健康教育体系的构建与完善.长春:东北师范大学,2009.

[45]李铁莉,刘兴耀,王宁,成语.高校服务型学生工作体系的构建.教育管理,2011(9).

[46]李一萌.大学生诚信档案的应用,促进高校学生工作的开展.中国校外教育(下旬刊),2009(2).

[47]李正军.高校学生管理工作概况.保定:河北大学出版社,2002.

[48]"励志教育",http://baike. baidu. com/view/1998535. htm,2014-5-18.

[49]刘君.适应素质教育加强高校队伍建设.中国高教研究.2000(4).

[50]刘配欢,李望平.我国高校学生工作研究十年回顾与反思.当代教育论坛,2006(3).

[51]龙芳.谈发展型学生工作体系构建中大学生思想政治教育.成功(教育),2011(16).

[52]卢屏,吴岚.略论美国学生事务管理.人民论坛,2011(5).

[53]吕卫华.服务型:高校学生工作的未来发展路向.教育与人才,2009(4).

[54]马建华.高校班主任队伍建设现状与对策探析——以陕西省为例.思想教育研究,2010(12).

[55]马克思恩格斯全集(第 23 卷).北京:人民出版社,1972.

[56]马彦周,高复阳.高校构建发展型资助的必要性研究.湖北社会科学,2011(1).

[57]苗丽芬.大学生日常思想政治教育实效性研究.北京:高等教育出版社,2009.

[58]内尔·诺丁斯.学会关心——教育的另一种模式.北京:教育科学出版

社,2003.

[59]潘世墨.高校学生工作"教育、管理、服务"的辩证关系.中国高等教育,2007(10).

[60]潘晔,阎高程.高校教师践行以生为本的教育理念探析.学校党建与思想教育,2009(7).

[61]彭玉丹,朱爱虹.学生自我管理在学生管理工作中的实践.中国环境管理干部学院学报,2006(1).

[62]"普通高等学校学生管理规定",http://baike. baidu. com/view/438076. htm. 2014-5-18.

[63]"秦火火团伙:中国最大的网络黑社会?",http://news. m4. cn/2013-04/1206634. shtml. 2014-5-18.

[64]秦学锋.运用学习型组织理论构建高校学生干部队伍.科教文汇,2012(2)(上旬刊).

[65]上海市教育科学研究院,麦可思研究院.2012中国高等职业教育人才培养质量年度报告.北京:外语教学与研究出版社,2012.

[66]沈崴.高校发展型学生工作模式研究.北京高等教育(高教版),2007(4).

[67]孙立军.学生工作队伍长效机制构建探新.中国青年研究,2009(6).

[68]孙晓峰,吴一鸣.找准方向　推进高职教育区域化发展.中国高等教育,2011(17).

[69]谭德礼,江传月,刘苍劲,等.当代大学生思想特点及成长成才规律研究.北京:人民出版社,2012.

[70]谭属春.论高职院校素质教育的特点及其实现途径.高等工程教育研究,2010(2).

[71]滕怀国.高校学生管理工作创新研究.天津:天津大学职业技术教育学院,2008.

[72]田传信.构建"以服务促发展"的学生工作新体系.湖北函授大学学报,2011(11).

[73]田茂.关于高校辅导员职业化发展的思考.现代教育科学,2007(3).

[74]童静菊.生本理念下高校学生工作体系研究.武汉:华中科技大学,2008.

[75]王健,丁秀涛.对高等职业教育入学制度改革的再思考.中国高教研究,2012(8).

[76]王建辉,李丽辉,白亮,杜学敏.高校少数民族学生教育管理实践模式研究.思想教育研究,2010(5).

[77]王俊,范赟,倪蛟.高校发展型学生工作模式探赜.学校党建与思想教育,2011(7).

[78]王俊,陆林,王洪涛.构建发展型高校学生工作模式.江苏高教,2010(5).

[79]王楠楠.高校学生管理工作创新研究.长春工业大学硕士学位论文,2011.

[80]王占仁.英国高校学生事务"一站式服务"的理念与实践.思想教育研究,2010(6).

[81]吴建斌.职业人格培养论.杭州:浙江大学出版社,2012.

[82]吴远,秦启轩.多校区大学生教育管理模式的构建.中国高教研究,2003(12).

[83]吴正龙.高校学生管理工作创新研究.华中师范大学,2004.

[84]项进,高歆:论高校班主任在育人工作中的地位及作用,思想教育研究,2011(11).

[85]谢荣光."发展型"高校学生工作模式的探讨.黑龙江高教研究,2006(10).

[86]谢树浩."以生为本"的理论与实践问题.高教探索,2009(3).

[87]杨瑾,马小藩.大学生优秀学生干部素质调查报告.思想·理论·教育,2005(3).

[88]杨金土,孟广平.对发展高等职业教育几个重要问题的认识.教育研究,1995(3).

[89]杨克非.服务型学生工作模式的理性思考.学校党建与思想教育,2004(6).

[90]杨叔子.是"育人"非"制器"——再谈人文教育的基础地位.高等教育研究,2001(2).

[91]杨晓慧.当代大学生成长规律研究.北京:人民出版社,2010。

[92]杨涯人,邹效维.论人文关怀的文化内涵.学习与探索,2008(2).

[93]姚本先.我国学校心理健康教育:现状、问题、展望.课程·教材·教法,2003(2).

[94]叶澜.教育研究方法论初探.上海:上海教育出版社,1999.

[95]叶澜.时代精神与新教育理想的构建.教育研究,1994(10).

[96]于光.高校和谐育人工作的思考与实践.北京:北京师范大学出版集团,2009.

[97]袁延生.班主任队伍建设应凸显五大理念.教育与职业,2007(12).

[98]曾丽青.高校学生公寓辅导员队伍管理存在的问题及对策.重庆科技学院学报(社会科学版),2011(5).

[99]张蓓蓓.高校"发展性"学生工作理念研究.淮北师范大学硕士学位论文,2010.

[100]张男星,等.中国高等教育发展报告.北京:教育科学出版社,2012.

[101]张鹏超.高职院校素质教育载体构建与学生的"千日成长".中国职业技术教育,2013(16).

[102]张荣路,张跃明.论以生为本的高职学生思想政治教育实施路径.学校党建与思想教育,2009(3)(中).

[103]张山,齐立强.新时期高校班主任工作方法探讨与实践.学校党建与思想教育,2010(11).

[104]张焱.浅议高校学生干部队伍建设的激励机制.教育与职业.2008(12).

[105]赵汀阳.论可能生活(修订版).北京:中国人民大学出版社,2004.

[106]赵学峰.基于高职学生特点管理思路探讨.科教文汇(下旬刊),2010(4).

[107]珍特妮·沃斯,戈登·德莱顿.学习的革命(修订版).北京:世界图书出版社,1998.

[108]"中共浙江省委教育工作委员会　浙江省教育厅关于进一步加强高校辅导员队伍建设的实施意见",http://baike. baidu. com/view/3789900. htm. 2014-5-18.

[109]周建松.高等职业教育的逻辑.杭州:浙江大学出版社,2011.

[110]朱方伟,等."高校基层学习型党支部建设",http://zs. njus. tedu. cn/newzs/szw/szsq/djsz/2005123095027103543. Htm. 2014-5-18.

[111]朱振岳.浙江投 8.7 亿元改善高校住宿环境.中国教育报,2013-1-28(1).

索　引

后 记

　　2011年,浙江金融职业学院党委提出构建发展服务型学生工作体系。本书由笔者查阅了大量的文献资料,结合自己3年发展服务型学生工作体系构建和16年学生工作的实践写作而成。为了将观点说明得更为透彻,也为了将浙江金融职业学院学生工作较为成功的做法展现给各位读者,本书多处使用了学校的工作案例。虽使用的案例多是经笔者起草,或者在笔者指导下学工部其他同仁起草,最后经笔者修改后定稿的,但为了保持严谨性,凡是已经公开发表的均注明了出处。

　　本书是对浙江金融职业学院发展服务型学生工作体系育人成果的部分总结,是浙江金融职业学院2014年金院文库学术专著资助项目和2013年度专项科研课题"对我院创建'以生为本榜样学校'路径、方法、特色、机制等的研究"(项目编号:2013ZX04)阶段性成果。本书的撰写和出版工作得到了浙江金融职业学院的大力支持,学院党委书记周建松教授、院长盛健教授、曾经和现在分管学生工作的党委副书记姜进教授、副院长方华研究员、工会主席盖晓芬教授关心本书的进程,并鼓励作者早日完成书稿;学生处吴慧凤、王懂礼、谢峰老师为本书提供了很好的建议;陈正江、叶星、吴德银、王琴、俞婷、间春飞、宋春旗等同事或为本书相关章节提供了建议,帮助查找了资料,或帮助对书稿做了校对;各系学生工作书记熊秀兰、邵月花、王瑾、莫淦清、王祝华以及学工线上各位同仁辛苦的工作为本书提供了鲜活的案例,在此一并表示衷心的感谢。

　　由于水平有限,错误难免,敬请指正。

张鹏超

2014年6月

图书在版编目（CIP）数据

高职院校发展服务型学生工作体系研究／张鹏超著.
—杭州：浙江大学出版社，2014.6(2015.10重印)
　ISBN 978-7-308-13345-6

　Ⅰ.①高… Ⅱ.①张… Ⅲ.①高等职业教育—学生工
作—研究—中国 Ⅳ.①G715

　中国版本图书馆 CIP 数据核字(2014)第 118623 号

高职院校发展服务型学生工作体系研究

张鹏超　　著

责任编辑	张　琛
文字编辑	蔡圆圆
封面设计	续设计
出版发行	浙江大学出版社
	（杭州市天目山路 148 号　邮政编码 310007）
	（网址：http://www.zjupress.com）
排　　版	杭州金旭广告有限公司
印　　刷	浙江良渚印刷厂
开　　本	710mm×1000mm　1/16
印　　张	11.25
字　　数	208 千
版 印 次	2014 年 6 月第 1 版　2015 年 10 月第 2 次印刷
书　　号	ISBN 978-7-308-13345-6
定　　价	35.00 元

版权所有　翻印必究　　印装差错　负责调换

浙江大学出版社发行部联系方式　（0571)88925591；http://zjdxcbs.tmall.com